UNE INTRODUCTION AU

Tarot divinatoire

CASSANDRA EASON

LES PETITS LIVRES D'ÉSOTÉRISME

UNE INTRODUCTION AU

Tarot divinatoire

…LIBÉREZ LE POUVOIR QUI EST EN VOUS…

MARABOUT

Traduction d'Émilie Fline

Publié pour la première fois en 2015 par Sterling Publishing CO., INC., USA,
sous le titre A LITTLE BIT OF TAROT: An Introduction to Reading Tarot.

Cette édition a été publiée avec l'accord de Sterling Publishing Co., Inc.,
1166 Avenue of the Americas, New York, NY, USA, 10036. Tous droits réservés.

SOMMAIRE

INTRODUCTION : COMPRENDRE ET APPRÉCIER LE TAROT

La cartomancie est l'une des méthodes les plus simples et les plus efficaces pour découvrir les chemins qui s'ouvrent à vous, ainsi que les défis et les occasions qui se présentent à ceux qui viennent consulter les cartes.

De fait, vous pouvez interpréter un tirage même si vous n'avez jamais utilisé un tarot de votre vie : observez les images, prenez un temps de relaxation et laissez-les vous guider.

Lorsque j'enseignais le tarot au sein de mon université, c'était avant d'étudier la signification des cartes que mes étudiants réalisaient leurs meilleures lectures. En effet, ils observaient véritablement les illustrations, sans penser à leur interprétation savante. Ils écoutaient la personne en face d'eux et avaient recours à leur intuition.

Un tarot compte soixante-dix-huit cartes, ou lames : vingt-deux arcanes majeurs qui parlent des grands événements d'une vie, de la personnalité et des relations familiales et amicales du consultant, et cinquante-six arcanes mineurs répartis en quatre couleurs.

Ces cinquante-six lames donnent des informations sur l'influence de nos proches, sur le contexte des questions qui nous animent et parfois sur les contraintes qui limitent nos décisions.

Elles vont de l'as au dix. Il existe également des figures au sein de chaque couleur : valets, cavaliers, reines et rois. Ces lames représentent des proches de votre vie passée, actuelle ou future, ou bien des qualités que vous pouvez développer.

Je présenterai chaque lame en détail dans les chapitres qui viennent.

DÉVELOPPER VOTRE SYSTÈME DE LECTURE

À mesure que vous prendrez confiance en vous, vous créerez votre propre système d'interprétation des cartes. Les livres peuvent donner des idées de tirages et confirmer la signification fondamentale de chaque lame ; mais ce ne sont que des bases sur lesquelles vous appuyer pour réaliser des lectures qui vous ressemblent.

Cet ouvrage est rempli d'idées que j'ai rassemblées au cours de quarante années de pratique, d'enseignement, d'écriture et de questionnement permanent. Essayez et vous découvrirez ce qui marche pour vous.

Lorsque l'on vient de décrocher le permis, on reste concentré sur les gestes de la conduite. Peu à peu, ces gestes s'automatisent et on peut profiter de la route, du paysage et de la compagnie de ses passagers. Pour le tarot, c'est la même chose.

Ce livre présente plusieurs tirages ; vous allez découvrir vos préférés, et surtout vous pourrez les adapter ou créer de nouveaux modèles qui vous parlent.

La clé de la cartomancie est de se faire confiance et de croire en ses ressentis, et non pas en sa lecture rationnelle. En effet, l'analyse étouffe nos talents spirituels.

COMMENT FONCTIONNE LA LECTURE DU TAROT ?

Le consultant sélectionne toujours les cartes qui répondent à la question posée. Même s'il semble tirer au hasard, il est inspiré par un mécanisme mystique que l'on appelle « psychokinésie ».

La psychokinésie est la force qui guidait les chasseurs préhistoriques vers leurs proies, et qui poussait les animaux à s'aventurer sur le territoire des hommes. La radiesthésie, un procédé divinatoire grâce auquel on trouve de l'eau, du pétrole, des minéraux, un objet perdu ou même des sous-marins ennemis à l'aide d'un bâton ou d'un pendule, repose aussi sur la psychokinésie.

Nous possédons tous des pouvoirs spirituels, mais, au sortir de l'enfance, ils peuvent se faire bâillonner par la logique et le doute. Pourtant, on ressent les choses instinctivement sans comprendre : les parents savent intuitivement quand leurs enfants sont en danger ou en détresse émotionnelle, même loin ;

une fois adultes, on prend souvent le téléphone au même moment que nos proches quand quelque chose ne va pas.

Un autre pouvoir spirituel intervient quand les illustrations de la lame de tarot font apparaître des images mentales : la clairvoyance. On parle de « clairaudience » lorsque l'on entend les paroles de son sage intérieur, de ses anges ou de ses guides. Vous serez aussi affecté par la « clairconnaissance », ce sentiment de savoir quelque chose avant d'en avoir la preuve. Vous utiliserez ces outils spontanément devant les cartes. D'ailleurs, plus vous lirez les tarots, plus vous activerez vos dons spirituels au quotidien.

CHOISIR LE BON JEU

Choisissez un jeu richement illustré, par exemple le Rider-Waite, dont s'inspirent la majorité des tarots actuels. Voici quelques-uns de mes préférés : l'Universal Waite, le Tarot des druides, le Celtic Tarot, le Tarot mythique ou le tarot Morgan Greer. Ces jeux sont idéaux pour apprendre, car toutes les lames sont illustrées – et pas uniquement les arcanes majeurs.

LES ILLUSTRATIONS ÉVEILLENT NOS IMAGES SPIRITUELLES

Malgré la superstition, acheter votre propre jeu ne vous portera pas malheur ; et si un ami veut vous offrir votre premier tarot, vous pouvez lui suggérer de le choisir avec vous. Passez-y la journée et, mieux encore, achetez un jeu pour chacun, et apprenez à deux !

Si vous sélectionnez seul le tarot qui vous plaît, faites-en un moment amusant pour commencer la relation avec votre jeu dans la joie. Si vous l'avez choisi en ligne, célébrez son arrivée.

Commencez par parcourir rapidement ce manuel avant de découvrir votre jeu afin de vous familiariser avec les noms des cartes. Sélectionnez un jeu possédant les soixante-dix-huit lames standards, immédiatement reconnaissables à leurs noms. Parfois, certains tarots utilisent des noms obscurs pour certaines cartes ou des concepts complexes comme l'astrologie ou la mythologie égyptienne. Ne négligez pas cet aspect avant de choisir.

Une fois que vous serez devenu adepte, vous découvrirez peut-être un autre jeu qui vous convient mieux. Je travaille souvent avec au moins deux tarots, car si un client prend la même carte deux fois, je peux être sûre de son importance.

Si cela est possible, achetez dans une boutique ou une librairie où vous pouvez manipuler et observer différents tarots. Si vous commandez en ligne, écumez Internet pour trouver les sites qui décrivent les jeux en détail et montrent les principales illustrations.

Une fois à la maison, sortez vos cartes, placez le jeu face cachée et passez votre main au-dessus et autour, paume vers le bas, comme si vous vouliez le débarrasser d'une fumée. Dites : « Je demande aux sages anges de toujours me guider afin d'utiliser ce jeu pour les autres avec la plus grande bonté, avec sagesse et avec compassion. »

Vous pouvez réaliser ce rituel avant une lecture si le temps manque, ou après pour revitaliser les énergies du jeu. À la fin de cette introduction, je vous donne une formule de consécration et de ré-énergisation un peu plus longue.

VOTRE PREMIÈRE LECTURE

Voici quelques éléments à garder en tête lors de votre première lecture. Posez une question qui compte pour vous, mélangez ou battez le jeu face cachée et faites une pile. Vous ne devez pas voir les illustrations. Prenez le jeu et, sans réfléchir, laissez votre main sélectionner une, deux ou trois cartes – ce qui vous semblera juste – et les placer en ligne de gauche à droite ou en colonne de bas en haut.

Si vous préférez, disposez-les en cercle face cachée, et laissez votre main être attirée par le bon nombre de cartes. En général, le plus naturel est d'utiliser la main avec laquelle vous écrivez. Dans cet ouvrage, je vous propose plusieurs tirages, mais, pour des questions générales ou une vue d'ensemble de votre vie, laissez simplement les cartes créer leur histoire une à une. Je vous en parlerai plus loin. Pour cette première lecture, si vous utilisez trois cartes, laissez-les face cachée et choisissez celle qui vous semble détenir la clé.

Retournez cette première carte et regardez-la sans essayer de l'analyser ou de lui faire répondre à la question, en mémorisant simplement ses détails. Maintenant, posez cette carte, fermez les yeux et visualisez-la comme sur un écran bleu ou blanc. Utilisez votre clairvoyance. Si vous ne voyez rien, ouvrez les yeux et regardez la carte jusqu'à ce que vous puissiez en retrouver chaque détail, puis fermez les paupières et laissez l'image de la carte se former dans votre esprit.

À cette étape, laissez cette carte intérieure devenir tridimensionnelle ; entrez dans son paysage et profitez de la sensation. Ne forcez rien et laissez émerger une idée ou une histoire. Ouvrez à nouveau les yeux, prenez un crayon et laissez votre main griffonner des images ou des mots en toute spontanéité. Ne lisez pas ce que vous avez écrit avant d'avoir fini de choisir, de mémoriser et de noter vos ressentis sur toutes les cartes. Reprenez alors votre carnet et lisez ce que vous avez écrit. Vous obtiendrez la réponse à vos questions. Vous pouvez tenir un petit journal du tarot pour noter vos découvertes.

Votre carte du jour

Lire les cartes pour vous-même vous aidera à rester sur le bon chemin et à anticiper les occasions favorables et les écueils avant tout le monde.

Chaque matin, prenez une carte de votre jeu (mélangez-les si vous le souhaitez). Observez l'image : elle vous donnera des indices sur la journée qui vient et les stratégies utiles à mettre en place. Notez-les sur votre journal ainsi que tout ce qui vous vient à l'esprit immédiatement : images, mots, impressions, sensations. Si la même carte apparaît pendant plusieurs jours ou bien toujours le même jour, vous saurez qu'elle représente une question qui doit être résolue ou étudiée dès que possible.

Par exemple, vous avez choisi le Char, avec son jeune conducteur guidant ses deux chevaux : c'est une bonne journée pour l'action et le changement. Le conducteur contrôle la direction du char : un bon moment pour prendre en charge une situation, changer de cap ou déployer vos ailes.

Régénérer les énergies de votre jeu

Ne gardez pas les cartes dans leur boîte ; achetez-leur une trousse en tissu ou bien un petit sac. Certains praticiens aiment envelopper leur jeu dans de la soie blanche ou dans un tissu naturel dans le sac.

Si vous lisez les tarots avec de bonnes intentions, seul du bien pourra émerger de vos lectures ; cela offre déjà une protection en soi.

Il existe deux anges dédiés aux clairvoyants : Raziel et Nithaiah. Vous pouvez leur demander protection avant et après une lecture. À mesure que vous apprenez, demandez-leur de bénir et de protéger votre travail autour du tarot et de vous protéger du mal.

Raziel, archange du travail spirituel, porte une toge tourbillonnante et est entouré d'un halo aux reflets d'un vert profond.

Nithaiah est l'ange des poètes ainsi que de la prophétie. Il porte un parchemin argenté.

Allumez deux bougies blanches l'une à côté de l'autre. La grande sera consacrée à Raziel, la petite à Nithaiah (allumez la plus petite avec la lumière de la grande) et dites :

« Je demande à Raziel le sage et à Nithaiah le doux de faire de mes cartes un instrument de sagesse et de compassion pour toujours. Je leur demande de me guider pour utiliser ces cartes dans le bien des autres, et de laisser loin de moi et de ceux pour qui je lis les cartes toute malice, tout mal et toute obscurité. »

Placez les cartes en cercle, dans le sens des aiguilles d'une montre, afin que les images apparaissent, baignées de lumière. Laissez les bougies brûler entièrement.

Avant de commencer une lecture, allumez les deux bougies, soufflez trois fois sur chaque flamme tout doucement ; après avoir soufflé, demandez à Raziel, dans la grande bougie, et à Nithaiah, dans la petite, de vous bénir et de vous protéger, vous et la personne pour qui vous effectuez la lecture. Laissez les bougies sur une table près de vous.

Après la lecture, remerciez les deux anges de leur protection et soufflez les deux bougies, en envoyant cette lumière aux personnes qui en ont besoin (ne vous oubliez pas !).

Vous pouvez également étaler votre jeu face cachée sur un rebord de fenêtre toute une nuit de pleine lune pour laisser les cartes se remplir d'énergie.

Dans le premier chapitre, nous apprendrons la signification des cartes et quelques tirages simples. Mais rappelez-vous que l'introduction vous apprend tout ce que vous avez besoin de savoir pour les lectures intuitives. D'excellents cartomanciens travaillent à l'instinct, sans apprendre les significations des lames, en retournant autant de cartes qu'il leur semble nécessaire et en lisant simplement les images.

1

LES DOUZE PREMIERS ARCANES MAJEURS

Un jeu de tarot standard comprend vingt-deux arcanes majeurs. Le mot « arcane » signifie « sagesse secrète ». C'est ce que vous découvrirez dans vos tirages.

COMMENCER UN JOURNAL

En entamant votre pratique du tarot, vous pouvez commencer un journal qui vous offrira un support pour vous concentrer.

Choisissez un carnet non ligné, relié en cuir ou en tissu, dans lequel vous pourrez ajouter ou supprimer des pages. Vos écrits y refléteront votre voyage au cœur du tarot.

Consacrez une page à chaque carte. Avant de découvrir la signification d'une lame dans ces pages, prenez-la dans la main qui ne vous sert pas à écrire et observez l'illustration. Écrivez dans votre journal ce que vous ressentez instinctivement et les idées qui naissent en vous. Vous serez surpris de voir à quel point vous vous rapprochez du sens conventionnel.

Si une carte vous parle tout particulièrement, créez son histoire : répondez aux questions « pourquoi ? » et « où ? ». Par exemple, pourquoi le petit garçon se retrouve-t-il sur un cheval blanc dans la carte du Soleil ? Qui est-il ? Ces ressentis amèneront de nouvelles intuitions à chaque apparition de la carte. Notez la date des tirages afin de suivre comment les prédictions se répercutent sur votre vie ou sur celles des personnes à qui vous lisez les cartes.

Notez les positions de chaque carte dans les tirages que vous apprenez et les modifications que vous y apportez pour qu'ils vous correspondent.

Notez votre carte du jour afin de repérer les séquences et les schémas ; peut-être qu'une carte apparaît souvent les jours où un proche difficile vous rend visite, ou lorsque vous devez vous acquitter d'un travail que vous n'aimez pas.

LES ARCANES MAJEURS

Les arcanes majeurs sont numérotés de zéro à vingt et un ou d'un à vingt-deux. L'ordre des cartes restera le même quel que soit le jeu, à l'exception des lames de la Force et de la Justice, qui sont interchangeables (numérotées « huit » et « onze »).

0 Le Fou : l'intuition

Le Fou, connu dans le tarot de Marseille sous le nom de « Mat », est la carte des nouveaux départs. Pour lui, tout est possible.

Il représente un changement intérieur, généralement en réponse à une perspective inattendue ou à un désir de trouver ou de redécouvrir sa propre identité.

Si cette perspective est inconnue, elle sera révélée très bientôt. Au lieu que vous vous disiez « Je ne pourrai jamais… », le Fou vous demande : « Qu'est-ce qui vous en empêche ? »

Faites confiance à votre intuition, sautez dans le vide et, quoi qu'il arrive, ne regardez pas en bas !

AU QUOTIDIEN

Le Fou vous incite à moins de sérieux, à plus de spontanéité : réalisez l'excursion qui vous fait envie, repeignez le salon couleur bouton-d'or si cela vous plaît !

Le seul défaut du Fou : il agit de manière impulsive et immature.

1 Le Bateleur : le temps de l'action

Le Bateleur, c'est la créativité, l'ingénuité et la capacité à penser hors des sentiers battus.

Cette lame représente un bon présage pour le lancement d'une activité, en particulier dans un domaine créatif. Lancez vos projets et testez vos créations sur le marché, même si vos débuts restent humbles.

Le Bateleur peut indiquer une personnalité puissante et charismatique qui vous ouvrira des portes. Vous pourrez être attiré par cette personne et vivre une relation passionnée et chargée émotionnellement.

AU QUOTIDIEN

C'est un bon moment pour la spéculation, les investissements, l'établissement de contacts professionnels, les relations médiatiques et les entretiens de toute sorte. Toute forme de communication sera placée sous de bons auspices, qu'elle se fasse en personne, par écrit, par e-mail ou par téléphone. Demandez, vous serez surpris !

Son défaut : le Bateleur est aussi un illusionniste.

2 La Papesse : suivre votre voie

La Papesse vous parle de votre vrai moi, à tout âge. Elle est la sœur, l'alter ego de la très maternelle et affectueuse Impératrice. Elle nous dit d'interroger nos désirs véritables. Même dans une relation prenante ou dans un rapport de soin envers notre famille, elle nous demande de prendre des moments de calme afin de nous reconnecter avec notre moi intérieur et nos rêves.

Être seul n'est pas être isolé. Apprenez à apprécier votre propre compagnie. Vous détenez le pouvoir de guérir.

AU QUOTIDIEN

La Papesse peut apparaître lorsqu'il existe des médisances dans votre cercle personnel ou professionnel. Restez au-dessus des rumeurs. Ne soyez pas tenté de prendre parti ou de jouer le rôle de négociateur, et veillez à ne jamais révéler de confidences, même pour la meilleure des raisons.

Ses défauts ? Elle peut prendre la vie trop au sérieux et manquer de tolérance envers les faiblesses des autres.

3 L'Impératrice : prendre soin des autres

L'Impératrice est la lame de la Terre-Mère. Pour les personnes en âge d'avoir des enfants, elle représente la carte de la grossesse et de la naissance, en particulier si vous vous posez des questions à propos de la fertilité.

Vous êtes essentiel au bonheur et au bien-être des autres dans votre famille et votre cercle amical, et vous pouvez trouver le succès dans une carrière de soin. L'Impératrice promet l'aboutissement des projets et la joie familiale.

AU QUOTIDIEN

Quelqu'un de proche a besoin d'attention et vous devrez rassembler la famille. Passez du temps avec votre mère ou votre grand-mère, en particulier si vos relations se sont récemment rafraîchies.

Son défaut ? Le risque de devenir martyr, possessif, trop impliqué dans la vie d'autrui ou bien de vivre à travers les autres.

4 L'Empereur : réussir et pouvoir

L'Empereur est la carte de la paternité, de la détermination et du succès sur terre. Il représente le père et l'autorité. Il évoque un proche plus âgé influent, un partenaire amoureux puissant et en pleine réussite (ou plein de potentiel s'il est jeune), ou bien une figure d'autorité, homme ou femme. Vous pouvez atteindre vos objectifs si vous osez aller de l'avant et vous affirmer.

AU QUOTIDIEN

Vous devrez vous faire entendre et tout donner pour obtenir le crédit qui vous est dû. Vous devrez passer plus de temps avec un père, un grand-père ou un proche plus âgé ; si vous avez des enfants, vous devrez prendre position sur un aspect de leur comportement.

Le défaut de l'Empereur : il peut être très critique et difficile à satisfaire. Ne le laissez pas vous bousculer, qu'il soit votre partenaire, un proche ou votre supérieur.

5 Le Pape : suivre la tradition

Le Pape est le frère et l'alter ego de l'Empereur ; il est source de sagesse, de connaissances spirituelles et traditionnelles et d'expérience plutôt que d'autorité et de succès matériel.

Si vous réfléchissez à une formation longue et difficile, elle vous mènera à une vie ou une carrière plus épanouissante. Le Pape favorise l'apprentissage et la pratique des enseignements, de la spiritualité ou du développement psychique.

Il peut représenter un sage, qu'il s'agisse d'un ami, d'un membre de la famille ou d'un conseiller spirituel ou professionnel ; il peut aussi évoquer l'amour que vous portez à une personne empreinte de spiritualité.

AU QUOTIDIEN

Le Pape indique que nous ne devons pas trouver un raccourci ou une solution rapide ; au contraire nous devons nous conformer à ce que l'on attend de nous, étudier les détails et passer par les chaînes officielles.

Ne laissez pas les échecs du passé vous empêcher de croire en vous.

Son défaut : il peut se montrer intolérant et plein de préjugés. Votre Pape intérieur représente les voix du passé qui vous ont limité – il joue le policier dans notre tête et nous rend particulièrement prudents.

6 Les Amants, carte de l'amour et des relations

La lame des Amants parle d'amour. Elle évoque une âme sœur si vous êtes dans une relation suivie, ou si vous avez rencontré quelqu'un que vous avez l'impression de connaître depuis toujours.

C'est l'assurance d'un amour réel et durable.

Cette lame peut apparaître lorsque le consultant doit choisir entre deux personnes ; choisissez celle qui fait parler votre cœur, même si vous devez quitter la sécurité.

AU QUOTIDIEN

Si vous êtes libre comme l'air, l'amour viendra à vous.

La carte des Amants apparaît lorsqu'une relation a besoin d'un apport extérieur ou d'un peu d'attention ; ou bien si vous avez atteint un carrefour et devez renouer contact pour explorer. Elle peut aussi vouloir dire que vous êtes prêt à passer à une nouvelle étape de la relation : engagement ou consommation de votre amour.

Le défaut des Amants est la tentation de renoncer à un sentiment constant pour quelques heures d'excitation ou une aventure sans lendemain.

7

Le Char : prendre votre vie en main

Le Char est une lame d'action : elle indique le changement, l'excitation. C'est une carte de triomphe et d'avancée. Allez-vous déménager ou voyager ? Êtes-vous à un tournant dans votre carrière ou votre style de vie ? Peut-être allez-vous simplement passer des vacances plus aventureuses qu'à votre habitude.

La clé de cette carte est de savoir qui conduit le char – et ainsi, qui détermine la direction. Pour votre bonheur, cela doit être vous, même si vous voulez plaire aux autres.

AU QUOTIDIEN

Débarrassez-vous de ce qui vous encombre : mauvaises habitudes, hobbys d'hier, relations qui vous coûtent trop. Concentrez-vous sur votre santé et votre bien-être, et faites ce que vous remettez toujours au lendemain. Le Char peut aussi annoncer un voyage inattendu.

L'inconvénient ? Changer toujours les éléments extérieurs quand le problème est en vous.

8 (ou 11) La Force : dépasser les obstacles

La Force est une bonne carte pour vous rassurer sur votre capacité à réaliser vos objectifs et à surmonter les obstacles grâce à la persévérance.

Elle peut vous renvoyer aux talents dans lesquels vous ne puisez pas assez ; elle dit que vous possédez les ressources pour gagner, même si le chemin est parfois ardu, notamment dans les projets au long cours. Elle peut aussi évoquer une personne forte mais sympathique sur laquelle vous pouvez compter. Elle indique que de vieux amis seront plus loyaux que de nouveaux qui vous promettent la lune.

AU QUOTIDIEN

Vous devrez vous montrer patient et persévérer avec les gens et les situations délicats ; mais ne laissez personne vous dissuader d'agir justement. Ne gâchez pas votre énergie à convaincre les obtus, car ils ne comprendront jamais votre point de vue.

Le seul inconvénient de la Force : on peut placer ses efforts dans une cause perdue.

9 L'Ermite : suivre vos principes

L'Ermite vous conseille de suivre votre chemin et vos principes. Il apparaît lorsque vous vous sentez perdu. Il vous dit que vous avez besoin d'espace pour laisser les éléments émerger. Prenez le temps de décider, même si vous êtes sous pression.

Si un proche poursuit un comportement destructeur et vous blâme, refusez la situation. Prenez du recul.

L'Ermite peut être une personne plus sage et plus âgée qui a le temps de vous écouter sans jugement.

AU QUOTIDIEN

Vous pourriez être négociateur entre deux factions en guerre, et tout le monde vous blâme. Prenez un temps de recul. Les querelles, surtout au sein d'une famille, cessent quand le public s'en va.

Les seuls inconvénients de l'Ermite : permettre à l'inertie de prendre le pouvoir et trop compter sur la sagesse et l'expertise des autres.

10 La Roue de la Fortune : être responsable de votre destin

La Roue de la Fortune apparaît souvent après une série d'événements malchanceux ou d'ouvertures qui n'ont débouché sur rien. Elle annonce un retournement de fortune, notamment financière.

Même si la carte indique une chance inattendue, vous avez les clés en main : utilisez vos chances et vos revers pour tracer votre chemin.

Vous pourriez bénéficier d'un coup de chance si vous prenez des risques temporaires.

AU QUOTIDIEN

La Roue de la Fortune indique que c'est le moment pour vous d'entrer dans une compétition ou de parier. Vous récupérerez quelques fonds inattendus, ou bien vous décrocherez la chance de réaliser un projet à très court terme lié à l'un de vos intérêts ou de vos talents. Ce travail sera payant.

Le mauvais côté de la Roue : elle peut vous inciter à attendre le moment idéal pour vous lancer.

11 (ou 8) La Justice : obtenir ce qui vous est dû

La Justice apparaît souvent lorsque l'on est pris dans un contentieux juridique comme un divorce, un litige fiscal ou un problème avec le système éducatif. La Justice nous dit : « Soyez persévérant. Ne vous laissez pas intimider et vous gagnerez. »

La Justice peut également apparaître si vous êtes exploité par la famille, malmené par les voisins ou un employeur, ou si vous faites plus que votre part à cause de collègues paresseux, malhonnêtes ou incompétents. Notez les événements et les dates, et si votre problème se situe au travail, suivez les voies de recours officielles.

Il se pourrait qu'une personne chargée de votre poste ou de vos affaires financières soit corrompue. Vous l'aviez de toute façon sûrement déjà ressenti.

AU QUOTIDIEN

Vous devrez peser le pour et le contre avant de prendre une décision ; restez impartial, ne faites pas de favoris dans votre famille ou parmi vos amis.

L'aspect négatif de la Justice ? Rester bloqué sur des injustices passées qui ne peuvent être résolues.

12 Le Pendu : lâcher prise

Malgré son nom un peu effrayant, le Pendu nous dit de lâcher prise sur les peurs et les restrictions qui nous empêchent de nous abandonner complètement à la vie – ou à l'amour.

AU QUOTIDIEN

Laissez derrière vous les relations destructrices, les carrières qui vous épuisent et les vampires émotionnels sans lesquels vous ne pouvez pas vivre ou du bien-être desquels vous vous sentez responsable. Si vous avez du mal à vous débarrasser de vos mauvaises habitudes, de vos phobies ou de vos addictions, allez-y jour après jour et vous serez libéré plus tôt que vous ne le pensiez.

Le seul inconvénient du Pendu : se sacrifier pour une cause qui n'en vaut pas la peine ou donner trop de fois sa chance à quelqu'un qui n'est pas fiable.

UN TIRAGE À TROIS OU QUATRE CARTES AVEC LES DOUZE PREMIERS ARCANES MAJEURS : RÉALISER UN CHANGEMENT

Ce tirage est une excellente base à réaliser avec tout votre tarot ou simplement les arcanes majeurs. Pour l'instant, nous allons nous concentrer sur les douze premières lames.

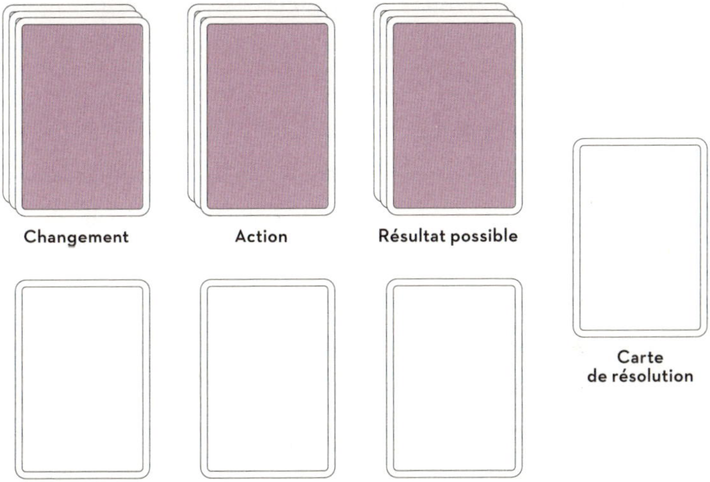

Formulez une question concernant un changement dont vous avez besoin ou que vous souhaitez réaliser. Cela pourrait révéler des processus inconscients qui affectent vos actions.

Prenez les douze premières cartes, mélangez-les ou battez-les puis, face cachée, réalisez une pile ou placez-les en cercle.

Laissez votre main vous guider vers la première carte pour révéler ce que vous devez abandonner ou changer. Placez-la à gauche en position « Changement » sans la retourner.

Placez une deuxième carte en position « Action » pour représenter ce que vous devez mettre en place ou les éléments qui feront progresser la question. Là encore, ne la retournez pas.

Enfin, sélectionnez une troisième carte et placez-la en position « Résultat ». Elle vous montrera le résultat le plus probable de l'action. Ne la retournez pas.

Maintenant, révélez les cartes une à une, de gauche à droite, et commencez la lecture.

Ne forcez rien. Si vous avez un doute sur la signification d'une lame, prenez-la en main, regardez l'illustration et laissez les mots, les images et les ressentis venir à vous spontanément. Vous aurez peut-être l'impression de lire les cartes comme une histoire.

Si ce n'est pas clair, prenez une quatrième carte de « Résolution » ; elle fera le trait d'union entre les messages, en particulier les cartes « Action » et « Résultat ».

Vous verrez des éléments oubliés, parfois venus d'un passé lointain, qui obscurcissent votre présent et votre avenir.

Une lecture issue de mes consultations

Dans ce tirage, quatre des douze premiers arcanes majeurs sont apparus.

L'HISTOIRE D'ANNA

Anna, vingt ans, vit en colocation avec sa meilleure amie Lizzie. Son compagnon Steve lui rend visite tous les week-ends et Anna se retrouve à tout nettoyer avant son arrivée, tandis que Lizzie néglige le ménage. Même si Steve apporte une bouteille de vin, Anna finit toujours par faire les courses pour tous les trois, comme elle le fait souvent en semaine car Lizzie n'a jamais de quoi payer (même si elle a un bon emploi). Lorsqu'ils sortent au restaurant, c'est Anna qui offre. Lizzie vient elle aussi sans avoir été invitée.

Un jour, Anna suggère sur le ton de la blague que Steve et Lizzie paient leur part d'un dîner particulièrement onéreux où ils ont tout pris à la carte. Lizzie éclate de rire et dit à Steve qu'Anna est irritable sur les questions d'argent.

Le père d'Anna a quitté sa famille lorsqu' Anna était enfant ; et elle se rappelle que son père accusait toujours sa mère de lui parler d'argent et de lui reprocher de salir la maison.

La question d'Anna était : « Suis-je irritable sur les questions d'argent ? »

CARTE 1 - CHANGEMENT : l'Impératrice. La lame de l'Impératrice souligne le rôle maternel dans lequel des personnes tout à fait capables de se prendre en charge et de payer leurs repas enferment Anna. Mais le changement qu'elle recherche est un peu plus complexe. Anna veut-elle vraiment changer ce schéma de dépendance ? Et pourquoi ?

Anna prend conscience qu'elle rejoue les accusations de son père à l'encontre de sa mère. C'est faux : son père était dépendant au jeu, l'argent manquait et lorsqu'il rentrait ivre à la maison, il jetait tout par terre et se retrouvait souvent malade.

Anna ne doit pas changer son comportement, mais sa perception de la situation actuelle marquée par le passé.

CARTE 2 - ACTION : le Char. Il indique que le moment du changement est venu ; Anna doit devenir la conductrice du Char. Comment ? Elle se rend compte que, si elle se rendait chez son petit ami de l'autre côté de la ville les week-ends, ils pourraient sortir sans Lizzie – ce qui est en soi une source d'irritation, car Lizzie a flirté avec Steve par le passé. Elle se libérerait ainsi de l'obligation de cuisiner et de payer le repas de trois personnes, et de faire le ménage avant l'arrivée de Steve.

De plus, Anna doit décider si elle veut arrêter de nettoyer pour sa colocataire, si elle doit l'ignorer ou si elle doit imposer des sanctions telles que refuser de lui faire la cuisine.

CARTE 3 - RÉSULTAT : Les Amants. La lame des Amants parle de la relation d'Anna avec son petit ami, mais aussi de Lizzie. En rejouant un vieux scénario, Anna ne voit pas Steve et Lizzie tels qu'ils sont, et ne comprend pas que leur comportement est égoïste. Steve ne pense sûrement pas à mal ; il vivait chez sa mère jusqu'à récemment et il pourrait avoir envie de suivre les changements enclenchés par Anna.

Lorsque Anna considère sa colocataire comme un individu et non comme quelqu'un dont elle doit s'occuper, elle se rend compte qu'elle n'a plus envie de vivre avec elle. Elle peut suffisamment se détacher d'elle pour lui répondre avec quelques arguments justifiés.

Surtout, elle pourra ainsi mieux connaître son petit ami, sans interférence, et décider s'il est la bonne personne pour elle.

Anna voulait un peu plus de clarifications, elle a donc tiré une quatrième carte : la Justice.

La Justice peut parler d'un divorce. Le père d'Anna a quitté sa mère, et la carte fait remonter à la surface les peurs d'Anna : si elle se plaint, elle craint que Steve ne la quitte elle aussi. Anna me confie qu'au fond elle se sent responsable du malheur de ses parents. C'est illogique, mais tout à fait compréhensible. Anna essaie, adulte, de résoudre sa culpabilité d'enfant.

Il n'y a pas besoin d'avoir un enfant pour être au service des autres, et j'ai souvent rencontré des cas comme celui d'Anna, dans lequel une jeune femme compétente ayant tout pour réussir a du mal à faire entendre ses besoins.

2

LES DIX DERNIERS ARCANES MAJEURS

Observez bien chaque carte avant d'étudier sa signification et écrivez dans votre journal ce que vous ressentez, entendez et visualisez. Rappelez-vous que chaque carte possède des significations positives et négatives, selon leur relation aux autres au sein du tirage et, surtout, selon ce que vous ressentez.

13 La Mort : accepter un changement naturel

La lame de la Mort ne signifie jamais que vous ou l'un de vos proches allez mourir.

Elle représente souvent une porte que vous devez fermer sur une situation ou une relation qui vous empêche d'être heureux. La perte sera difficile mais elle vous libérera. Si vous refusez de fermer cette porte, vous bloquerez le renouveau.

AU QUOTIDIEN

Parfois, il est temps de dire non aux proches, aux collègues ou aux employeurs qui vous forcent à faire quelque chose que vous n'aimez pas. Cette lame peut apparaître quand la fin d'une époque vous rend triste et que vous appréhendez d'être seul. Ne vous lancez pas bille en tête dans un projet ou une relation avant de vous sentir prêt.

Si vous vous sentez coupable de quitter une personne ou un emploi, vous ne pourrez pas avancer.

14 La Tempérance : trouver l'équilibre

La Tempérance est la bonne fée du tarot ; c'est la lame de l'équilibre et de l'harmonie, en vous et autour de vous.

Elle évoque un bon rétablissement ou une excellente santé. Les traitements médicaux apporteront des résultats qui dépasseront vos espérances. La Tempérance vous invite à trouver un compromis et à éviter les excès en toute chose. La paix et la négociation au travail ou en famille seront la clé pour avancer.

La tempérance est également la lame qui vous incite à accepter ce qui ne peut être changé et à laisser derrière vous les ressentiments.

AU QUOTIDIEN

La lame de la Tempérance est utile pour gérer des questions délicates et pour communiquer avec des personnes difficiles ou d'une autre génération. Elle favorise les régimes et aide à se débarrasser des addictions ou des excès. Ne soyez pas tenté d'être le messager des mauvaises nouvelles et ne vous laissez pas influencer par la mauvaise conduite des autres.

Son côté négatif : elle peut vous inciter à préserver la paix à tout prix, ce qui peut se répercuter gravement sur votre sérénité.

15 Le Diable : être sous pression

Cette lame n'a rien à voir avec la magie noire ou le mal ; elle parle de tous les pouvoirs que vous avez accumulés sans les utiliser, ou des ressentiments justifiés qui s'accumulent en vous. Mettez des limites à ce que vous pouvez tolérer.

AU QUOTIDIEN

Si des proches sont injustes ou déraisonnables en ce moment, dites-le-leur. Vous relâcherez les énergies réprimées, mauvaises pour votre santé et votre bien-être. Ces énergies ne font que contenir des réactions justes à un traitement injuste.

L'aspect négatif du Diable : attendre trop longtemps pour relâcher la pression et finir par vous énerver contre de mauvaises personnes ou être déprimé.

16 La Tour : reconstruire en mieux

La Tour, connue dans le tarot de Marseille sous le nom de « Maison Dieu », est la lame qui vous libère des contraintes. Elle parle d'un événement actuel ou attendu qui vous libérera de l'inertie et des limitations.

La lame représente la disparition des obstacles qui vous empêchent d'atteindre votre potentiel ou le bonheur. Oui, il y aura des ruptures, mais elles vous donneront accès à un avenir bien plus épanouissant.

AU QUOTIDIEN

La Tour peut indiquer qu'un problème d'endettement ou de trésorerie temporaire pourrait être rapidement résolu par une entrée d'argent inattendue ou un dégagement de ressources. Si vous vous sentez pris au piège dans votre travail, à la maison ou dans une relation, votre situation s'améliorera – surtout si vous allez chercher le soutien dont vous avez besoin !

Le seul aspect négatif de la Tour : ne pas apprendre de ses erreurs, reconstruire la même tour ailleurs… et se demander pourquoi elle s'effondre elle aussi.

17 Les Étoiles : avoir des rêves qui deviennent réalité

Même si votre rêve semble inatteignable, il pourra se réaliser si vous travaillez dur, et il dépassera peut-être même vos attentes : cette lame est celle de la chance et de la renommée.

L'heure est venue de réaliser vos rêves les plus secrets – pour vous comme pour les autres – et de donner du sens à votre vie.

Les Étoiles, comme la Roue, sont une lame de chance ; elle indique que la roue tourne en votre faveur.

AU QUOTIDIEN

Vous pourrez vous retrouver rapidement sous les feux de la rampe ; vous allez vous distinguer, alors soyez confiant. C'est le bon moment pour vous inscrire à une compétition ou à un jeu de hasard ; vous pourriez trouver un nouvel ami, un admirateur secret ou un moment de renouveau.

Le seul aspect négatif de l'Étoile ? Votre idée de la perfection est si élevée que vous ne vous pensez jamais assez bon pour montrer vos talents.

18 La Lune : passer à la prochaine étape

La Lune nous dit : « Attention aux raccourcis. » Sur le plan amoureux ou financier, prendre des raccourcis peut avoir de graves conséquences. Attention aux illusions et aux personnes qui promettent la lune mais restent prises dans leur propre monde fantastique ! Dans le même temps, pour les femmes, la Lune peut signifier qu'il est temps de passer à la prochaine phase de votre vie. Elle est un bon présage en ce qui concerne les enfants, les animaux, les projets qui font appel à votre imagination, les médecines alternatives, les spiritualités et la clairvoyance.

La Lune est une excellente carte de fertilité, en particulier si vous avez connu des difficultés.

AU QUOTIDIEN

Toutes les personnes qui ont un penchant dramatique peuvent déverser vos émotions sur vous, et la pression émotionnelle peut venir de tous côtés. Soyez tolérant envers vous-même et ne cédez pas au chantage émotionnel.

L'inconvénient de la Lune : passer trop de temps à rêver sans réaliser vos envies.

19 Le Soleil : réussir

Le Soleil est une lame qui promet le bonheur, l'épanouissement et le succès. Elle nous dit que l'on peut atteindre ses ambitions et gagner de l'argent, mais aussi trouver ce qui nous rend vraiment heureux. Ne vous inquiétez pas pour l'avenir. Profitez de l'instant présent et donnez-vous à fond.

La lame du Soleil évoque les talents que vous n'utilisez pas ou que vous ne développez pas à leur juste valeur. Vous pouvez transformer vos passions en une nouvelle carrière lucrative et ouvrir des portes qui vous étaient fermées.

AU QUOTIDIEN

Les inquiétudes liées à la santé se lèveront et de nouvelles ressources financières pourront émerger. Vous pourrez prendre des vacances ou aller travailler au soleil – ou bien travailler bientôt avec un ami proche sur un projet rentable et prestigieux.

Le seul inconvénient du Soleil : travailler trop en négligeant les gens que l'on aime et les temps de loisirs – parfois au prix d'un burn-out.

20 Le Jugement : renaître et vous régénérer

Le Jugement est une lame qui parle de votre capacité à évaluer une situation lorsque vous vous sentez jugé. Si quelqu'un vous pousse à douter de vous, c'est qu'il veut garder le contrôle de la situation.

Cette lame peut apparaître quand des projets n'ont pas porté leurs fruits. Vous devez alors recommencer autrement. Gérez les problèmes qui ont une solution et laissez les autres derrière vous, qu'il s'agisse d'une vieille culpabilité ou bien d'une critique injuste.

AU QUOTIDIEN

Ne croyez pas tout ce que l'on vous dit, en particulier si vos informations viennent d'une rumeur. Un problème juridique, un entretien professionnel ou un examen vous seront favorables. D'autres pourraient être en train de s'approprier vos idées : assurez-vous d'obtenir la reconnaissance que vous méritez.

L'inconvénient du Jugement : tomber dans le jeu de celles et ceux qui font des favoris. Sortez des jeux de pouvoir et arrêtez d'essayer de plaire.

21 Le Monde : voir vos souhaits exaucés

Le Monde est la lame de tous les possibles et de l'expansion, que ce soit sur le plan professionnel, personnel ou social. Elle favorise les voyages ou les déménagements lointains. Vous devrez peut-être déménager ou chercher plus loin la perspective idéale.

AU QUOTIDIEN

Vos projets portent leurs fruits. Le Monde indique une occasion rare de voyager ou, sur le plan professionnel, de bénéficier de liens lointains. Les invitations et les propositions affluent.

Le seul inconvénient du Monde : vivre le rêve des autres et abandonner les vôtres, même avec la meilleure des intentions.

UN TIRAGE À TROIS, SIX OU NEUF CARTES

Vous pouvez utiliser un tirage à trois cartes lorsque vous avez peu de temps ou une question très spécifique, et un tirage à six cartes pour obtenir plus de détails ou résoudre un problème plus complexe. Un tirage complet à neuf cartes abordera un problème flou ou un changement de vie radical. Vous pouvez également ajouter une dixième carte au-dessus de l'ensemble si la question ne semble pas résolue.

Commencez par poser une question, confier un sujet d'inquiétude ou laissez les cartes livrer leur message spontanément.

Mélangez les cartes face cachée de la manière qui vous semblera juste et divisez les cartes en trois piles de taille similaire, toujours face cachée.

Dans la pile de gauche, prenez une carte et placez-la en position 1 (cf. ci-dessous). Dans la pile du milieu, tirez la carte 2 et dans la pile de droite la carte 3. Continuez la séquence, une pile après l'autre, de gauche à droite. Pour un tirage à six ou neuf cartes, placez la rangée des trois suivantes au-dessus de la première.

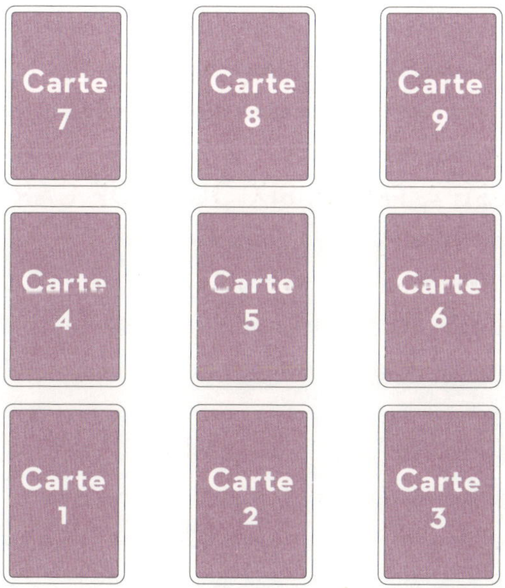

Maintenant, vous avez deux options ; testez-les toutes les deux pour voir laquelle vous convient.

De bas en haut et de gauche à droite, retournez et lisez chaque carte à tour de rôle.

Ou bien retournez toutes les cartes en même temps et lisez chacune d'entre elles avant de passer à la suivante.

La méthode qui me convient consiste à retourner toutes les cartes avant la lecture. Cela vous donnera une vue d'ensemble avant d'étudier les cartes une à une.

Quelle lame semble être la clé du tirage ? Commencez par la lire, puis étudiez les autres cartes dans l'ordre dans lequel vous les avez tirées ou bien dans l'ordre qui vous semblera instinctivement juste.

Remarquez les cartes qui vont ensemble naturellement (par exemple l'Empereur et l'Impératrice) et demandez-vous si elles évoquent des personnes en particulier. Demandez à la personne qui vous consulte si elle voit des associations.

Une lecture issue de mes consultations

Ce tirage est issu de mes consultations ; nous avons utilisé tous les arcanes majeurs.

L'HISTOIRE DE VERONICA

Veronica, une femme calme et compétente, a repris le travail lorsque sa fille avait trois mois. Elle s'est tracé une belle carrière dans le design, mais, à quarante-cinq ans, elle se retrouve enceinte d'un « bébé-surprise ». Tous ses proches – même son mari – pensent qu'elle est trop âgée pour avoir un autre enfant, et que l'arrivée du bébé sera un frein pour sa carrière.

Toutefois, Veronica se rend compte qu'elle n'apprécie pas vraiment sa vie professionnelle et qu'elle préférerait passer plus de temps chez elle et travailler à temps partiel en free-lance. En effet, elle a de nombreuses idées créatives liées à l'enfance qui combleraient un aspect de sa personnalité qu'elle a négligé après ses études. Elle se réjouit secrètement de l'arrivée du bébé car elle a l'impression d'avoir raté les premiers mois de sa fille. Voici les cartes que Veronica a tirées.

CARTE-CLÉ : Le Diable (ici en première position, mais ce n'est pas toujours le cas).

CARTE 1 : Le Diable. Cette grossesse a fait remonter à la surface de nombreux sentiments négatifs, doutes et regrets. Elle se rend compte qu'elle a souvent raté les premières fois de sa fille. Lorsqu'elle en aura parlé à son mari et à sa famille, elle se sentira bien mieux. En effet, puisque sa vie professionnelle est réussie, tout le monde la pense très heureuse – et jusqu'ici Veronica n'a pas eu l'impression de pouvoir expliquer le contraire

CARTE 2 : La Tour. Certaines personnes liraient cette Tour dans son sens destructeur, la grossesse de Veronica menaçant sa carrière. Mais l'arrivée de ce bébé est l'occasion de libérer Veronica d'une vie qu'elle trouve de plus en plus restrictive. C'est donc une Tour dans son sens libérateur. Rester à la maison pourrait aussi aider Veronica à travailler de manière plus créative et moins stressante.

CARTE 3 : Les Étoiles. Cette lame indique que Veronica a l'occasion de réaliser ses rêves déjà très réalistes. Elle peut s'appuyer sur son expérience actuelle, professionnelle comme personnelle, dans ses nouvelles créations. Bien sûr, ce sont ses rêves à elle, et non pas ceux des autres ni même ceux de la Veronica d'il y a dix ans. Mais elle se sent accomplie sur le plan professionnel et veut maintenant profiter de sa maternité et mettre à profit sa créativité.

CARTE 4 : La Mort. La Mort marque la fin d'une période, avec cette grossesse tardive. Si elle suit ses rêves en ignorant les autres, elle laissera derrière elle une certaine richesse matérielle, cependant elle pourra nourrir sa relation avec sa fille et passer plus de temps avec son mari. L'aspect financier est moins essentiel qu'avant car l'entreprise de son mari fonctionne bien.

CARTE 5 : La Papesse. Veronica a toujours été fière d'être une femme indépendante qui trace son chemin. Mais il lui reste difficile de concilier ses horaires de travail (qui se terminent tard) et sa vie de famille. Un jour, sa fille a appelé sa grand-mère « Maman », ce qui lui a fait prendre conscience qu'elle a trop sacrifié pour son train de vie luxueux

CARTE 6 : L'Impératrice. Veronica peut désormais reprendre son rôle de mère pour sa fille et son futur bébé. Cette lame qui évoque la créativité indique que le travail artistique de Veronica portera ses fruits. Elle se sent enthousiaste et, bien sûr, effrayée, mais vraiment vivante pour la première fois depuis longtemps.

CARTE 7 : Le Pape. Le Pape et l'impératrice sont liés. Veronica se sent coupable car elle rejette un succès pour lequel elle a travaillé dur ; les commentaires désagréables des collègues qui ont elles aussi réussi la blessent. Elles vivent ces projets comme une trahison.

CARTE 8 : Le Fou. Le Fou indique que Veronica devrait suivre son instinct, non les conseils des autres, et que si elle veut ce bébé, elle doit le garder.

CARTE 9 : Le Monde. Cela peut sembler être une carte étrange pour une femme qui s'apprête à quitter son travail pour rester chez elle, mais ses horizons vont s'étendre à mesure qu'elle explorera sa créativité tout en profitant de sa famille. Surtout, puisque son mari voyage beaucoup, toute la famille pourra s'installer quelques semaines à l'étranger pendant les vacances. Cela permettra à Veronica de revitaliser la relation à son mari, qui a souffert entre les absences de l'un et le rythme frénétique de l'autre.

Carte du jour

N'oubliez pas de tirer votre carte du jour chaque matin et de noter vos ressentis. Vous pouvez vérifier sa signification, mais demandez-vous d'abord : « Qu'est-ce que je ressens ? » Si une situation ou une personne fait apparaître la même carte sur plusieurs semaines, interrogez trois cartes pour voir quelles solutions vous découvrez.

3

LA SIGNIFICATION DES QUATRE COULEURS ET DES AS

Une fois que vous vous serez familiarisé avec les vingt-deux arcanes majeurs, vous découvrirez que le reste du tarot suit un schéma logique. Les quarante cartes numérales s'organisent en deux systèmes : les quatre couleurs (également nommées « suites » ou « enseignes ») et la numérotation (de l'as jusqu'au dix). Les figures, du valet au roi, sont traitées dans un chapitre à part, mais elles suivent elles aussi le même schéma.

Les cartes numérales donnent plus de détails sur l'influence des personnes, du contexte et des contraintes de nos vies. Comme je l'ai suggéré en introduction, choisissez un tarot dont ces lames sont illustrées afin d'éveiller votre clairvoyance.

LES COULEURS EN DÉTAIL

Voici la signification des quatre couleurs : deniers, coupes, bâtons et épées.

Deniers : la suite du monde matériel et de la vie pratique

Les deniers sont la couleur de la sécurité, de la stabilité et de l'organisation pratique.

Ils évoquent la maison, la famille, les animaux et la propriété, par exemple l'achat d'un terrain ou un déménagement. Ces changements sont généralement prévus et graduels, rarement soudains. Les deniers peuvent également évoquer notre rapport aux institutions administratives et financières.

Les deniers conseillent de faire appel au bon sens, de vérifier les faits et les chiffres et de se montrer pragmatique. Tous les projets placés sous le signe des deniers avanceront pas à pas, mais ils reposeront sur des fondations bien ancrées et seront couronnés de succès à long terme.

La patience et la persévérance sont les vertus qui les caractérisent. Leurs défauts : refuser de considérer de nouvelles méthodes, et préférer les choses aux personnes.

Coupes : la suite de l'eau, de l'amour et des émotions

Les coupes sont la couleur de l'amour, de l'amitié, de la fidélité et de toutes les choses liées à l'environnement, à la nature et aux saisons.

Les coupes représentent l'amour : d'une relation future aux longs mariages, des choix amoureux aux aspects émotionnels des liens familiaux. Elles parlent aussi d'harmonie, de fertilité, de talents spirituels, de médecines alternatives et de réconciliation ; elles demandent de quitter les relations destructrices ou possessives.

Elles conseillent de suivre son cœur et non pas la logique, et de s'épanouir avec et par les autres. Leurs bons côtés : l'empathie et la sympathie ; leurs défauts : une tendance à la pression émotionnelle, à la codépendance ou à la sentimentalité.

Bâtons : la suite du feu ; le monde de l'inspiration et de la créativité

Les bâtons sont la couleur de l'originalité, de l'indépendance, de l'individualité, et surtout du potentiel. Ils évoquent les projets créatifs et artistiques, la puissance masculine, le voyage, le succès, les déménagements spontanés, la santé, la confiance en soi, la célébrité et le chemin que l'on se trace.

Les bâtons vous conseillent de vous centrer sur vos besoins et vos rêves, de développer un talent, de prendre les rênes de votre travail ou de créer votre propre voie. Ils promettent la joie et l'épanouissement sur le plan personnel ; toutes les solutions influencées par les bâtons seront dynamiques, spontanées, intuitives, inventives et inattendues.

Leurs vertus : abondance et générosité ; leurs défauts : le manque de persévérance, l'impatience devant la fragilité ou l'ennui.

Épées : la suite de l'air ; le monde de l'esprit et de la spéculation

Les épées sont la suite de la logique, de la concentration, de la pensée rationnelle, du courage, des carrières institutionnelles, des examens et du changement.

Les épées évoquent la clarté de communication, la spéculation, la médecine conventionnelle, les opérations chirurgicales, la justice, l'apprentissage et la loi. Elles peuvent apparaître dans des moments délicats et représenter des personnes difficiles.

Les épées conseillent d'utiliser l'esprit (et non le cœur) et d'oser parler. Une solution par les épées sera rapide, courageuse et directe, mais pourra exiger un changement radical.

Leurs qualités : l'envie d'apprendre et la concentration ; leurs défauts : les peurs infondées qui vous bloquent et vous rendent inutilement critique ou injuste.

LES CARTES NUMÉRALES

Voici les cartes numérales de l'as au dix.

L'as, carte des renouveaux

Les as, numérotés « 1 », sont les cartes les plus dynamiques des arcanes mineurs. Le un est le nombre des innovateurs, des initiateurs.

Les as indiquent toujours l'arrivée de nouvelles propositions, de nouvelles personnes, des énergies retrouvées, de la chance ou de la santé. Difficile de leur trouver des côtés négatifs ! Lorsqu'ils apparaissent, vous vous sentez optimiste même si vous passez un moment difficile, car la chance est en train de tourner. L'apparition de plus d'un as indique généralement des chances à saisir.

De plus, les quatre as peuvent être utilisés indépendamment des autres cartes numérales en complément des arcanes majeurs. Quand ils sont employés de cette manière, je les appelle « cartes d'humeur », car ils montrent quelle méthode il vous faudra emprunter pour interpréter le message du tirage.

Les cartes d'humeur reflètent la stratégie qui vous aidera.

L'as de denier : des solutions pratiques

C'est le plus stable de tous les as. Une nouvelle proposition arrivera dans votre vie et l'améliorera peu à peu. C'est une bonne carte pour tous les projets liés à l'habitat (rénovations, déménagements prévus) et une bonne occasion de stabiliser vos finances. Les nouveaux investissements professionnels, qu'ils soient pratiques ou financiers, seront placés sous le signe du succès.

COMME CARTE D'HUMEUR

Il reste un travail difficile à accomplir et la seule approche possible est pratique. Vous êtes assuré de réussir, mais il n'y aura pas de raccourcis. Commencez là où vous êtes, car vos idées reposent sur des fondations solides ; si vous persévérez, vous aurez des résultats concrets.

L'as de coupe, suivre votre cœur

C'est la lame de la fertilité, d'un nouvel amour : un bébé, un mariage ? Peut-être allez-vous retrouver l'amour ou entrer dans une phase plus heureuse dans votre relation. Cet as peut représenter un regain de confiance, une estime de soi retrouvée ou bien un nouvel ami qui prendra de l'importance dans les mois qui viennent. Une phase plus tranquille s'ouvre dans les relations avec la famille et la résolution d'un ancien conflit. Parfois, l'as de coupe peut indiquer un amour sans retour, ou un amour qui doit rester secret.

COMME CARTE D'HUMEUR

Écoutez ce qui se cache derrière les mots. Essayez de comprendre ce que vous ressentez face à une situation. Vous sentez-vous à l'aise ? Suivez votre intuition.

L'as de bâton : carte de l'inspiration

Tout est possible, et plutôt ce que l'on n'attend pas. Soyez optimiste.

Faites un vœu, et il se réalisera. Cette carte est l'occasion de tirer profit d'une seconde carrière, ou d'un hobby lucratif. Commencez une activité artistique (danse, musique, art, comédie) ou bien reprenez un passe-temps que vous avez abandonné. Vous pourriez obtenir une promotion, une mutation ou des congés inattendus ; vous pourrez également retrouver la santé, l'enthousiasme, le pouvoir, la confiance en vous – avec une telle énergie, impossible d'échouer !

COMME CARTE D'HUMEUR

Pensez hors des sentiers battus et osez faire le saut dans l'inconnu. Il vous apportera bonheur, succès, renommée ou accomplissement.

L'as d'épée, réflexion et action résolue

Après un moment difficile ou un revers, osez dépasser l'inertie, les doutes et les peurs qui vous paralysent ; reprenez de zéro pour surmonter les obstacles. C'est un temps d'apprentissage ou de formation qui s'ouvre à vous. Vous pourrez aussi obtenir une décision de justice satisfaisante, parvenir au terme d'un contentieux entre voisins ou au travail, ou bien recevoir enfin la reconnaissance qui vous est due. Vous aurez de bons résultats sur le plan médical ou chirurgical ; vos prises de risque et les jeux de hasard pourront se révéler payants.

COMME CARTE D'HUMEUR

La situation appelle à une action résolue. Mais prenez du recul, réfléchissez-y calmement et logiquement. Soyez préparé à répondre aux personnes négatives et aux situations douteuses tranquillement et avec confiance, sans compromettre votre intégrité. La vérité triomphera.

UTILISER VOS QUATRE AS COMME CARTE D'HUMEUR

Travailler uniquement avec les quatre as et les arcanes majeurs vous aidera à affiner vos talents de cartomancien.

Placez les as dans une pile à part, face cachée, et mélangez-les chaque fois que vous lisez trois cartes ou plus.

Comme dans le tirage précédent, sélectionnez trois, six ou neuf cartes et placez-les face cachée par rangées de trois, de gauche à droite. Retournez-les une à une ou toutes à la fois et lisez l'histoire qu'elles racontent, de bas en haut.

Maintenant, mélangez les quatre as face cachée et prenez-en un. Retournez-le : il vous indiquera la stratégie à suivre, ou bien l'énergie générale de la lecture.

4

LES ARCANES MINEURS : DE DEUX À CINQ

Dans le chapitre précédent, vous avez utilisé les as pour vous indiquer quelle stratégie employer lors d'une lecture.

Les cartes numérales viennent compléter la signification des arcanes majeurs et offrent des détails sur l'influence de nos proches, ainsi que sur les contextes et les contraintes qui limitent nos décisions. De plus, toutes les cartes numérales – et pas seulement l'as – indiquent quelles sont les bonnes stratégies pour les changements que nous souhaitons réaliser ; elles mettent en lumière nos forces cachées et nos potentiels.

Si elles apparaissent dans votre carte du jour, elles indiquent des chances et des défis pour la journée qui vient.

I - LES AS : RENOUVEAU

Découvrez les as dans le chapitre précédent, et concentrez-vous sur leur aspect de renouveau afin de vous rappeler leur importance.

II - LES DEUX : ÉQUILIBRE

Le deux représente le lien entre deux personnes ou deux aspects de votre vie, ainsi que l'harmonie entre eux. C'est le nombre du négociateur. Il évoque l'équilibre des priorités et le besoin de faire plus d'une chose à la fois. Il se rapporte également aux partenariats, professionnels comme émotionnels.

Le deux de denier

Le deux de denier nous dit qu'il est possible de concilier deux chemins : vie professionnelle et vie familiale, deux emplois, ou bien un travail et une passion qui peut se transformer en source de revenus.

Cependant, actuellement, un aspect de votre quotidien ou une personne prend la priorité sur les autres. Cela peut être nécessaire, mais garder l'équilibre entre deux proches ou deux situations peut mener à un manque d'harmonie ; vous pourriez avoir du mal à faire ces deux choses correctement.

Le deux de coupe

Souvent associé à l'amour, à votre âme sœur, à la réconciliation de deux personnes ou de deux familles, à l'harmonie, le deux de coupe peut annoncer un engagement réciproque ou des fiançailles.

Il peut aussi évoquer un conflit à résoudre. Dans le cas d'une histoire d'amour toute neuve, ou bien qui s'annonce, le deux de coupe dit que la personne idéale n'est pas loin. C'est également un bon présage si des partenaires, une famille ou des amis prévoient de travailler ensemble.

Le deux de bâton

Les deux sont des cartes étonnamment statiques pour les bâtons, dynamiques. Cette lame indique qu'il y aura bientôt un choix à réaliser, souvent entre un projet créatif et une voie plus sûre. Choisissez un seul chemin et suivez-le ; ou attendez un peu et le choix deviendra évident dans quelques semaines.

Parfois, la carte peut indiquer qu'un partenariat ou une relation professionnelle est limitatif, ou bien une situation sûre mais ennuyeuse (ou qu'une perspective professionnelle est tentante). Ces situations stables doivent être revitalisées, et non pas abandonnées.

Les contacts ou les projets à l'étranger pourront se révéler fructueux.

Le deux d'épée

C'est une carte qui apparaît lorsque l'on est coincé entre deux choix, ou deux personnes, et incapable de choisir. La peur peut être un obstacle.

Généralement, aucune option n'est la bonne et il existe une troisième voie à laquelle vous n'avez pas encore réfléchi. Et si vous jouiez cavalier seul pour une fois ? Libérez-vous de vos culpabilités et des pressions qui vous entourent.

Cette lame peut parler de problèmes financiers. Ils ne vont pas disparaître, mais vous pouvez trouver une solution. Ce ne sera pas simple ; il faudra parler et demander de l'aide.

Une carrière axée sur la négociation ou la médiation sera placée sous les meilleurs auspices.

III- LES TROIS : PLUS DE JOIE ET DE NOUVELLES PERSPECTIVES

Le trois représente l'évolution des situations et des décisions précédentes. Si vous vous concentrez bien, vous verrez où vous mèneront ces nouvelles perspectives. C'est un nombre traditionnellement associé aux célébrations : mariage, grossesse, naissance, ou bien arrivée d'une famille déjà complète.

Ils sont remarquables pour tous les projets créatifs.

Le trois de denier

C'est une excellente carte qui évoque l'appel aux ressources tangibles après un retard ou un revers. Elle promet que les projets que vous allez lancer ont des fondations solides, même s'ils avancent lentement.

Cette carte assure le succès des transactions foncières et des travaux de bricolage ou de rénovation. Elle est de bon augure pour les projets manuels, qu'ils soient professionnels ou amateurs. Vos finances s'amélioreront : un travail acharné et l'attention portée au détail sont essentiels pour progresser, et vous y parviendrez en travaillant avec les autres.

Le trois de denier peut aussi annoncer des liens plus forts avec un proche plus âgé.

Il est également de bon augure pour les hypothèques, les prêts et les restructurations de dette.

Le trois de coupe

C'est une carte de fertilité et d'abondance, qui parle de grossesse, de mariage ou de célébrations familiales. Elle peut aussi indiquer le retour d'un membre de la famille après une période de déplacement professionnel ou d'éloignement personnel.

De nouveaux amis arrivent, d'anciens amis reviennent. La lame favorise le travail avec des enfants et le suivi psychologique.

Le trois de bâton

Les initiatives créatives vous ouvriront des portes. Des personnes venues de loin vous proposeront de nouvelles perspectives pour vos talents ou des voyages sur un autre continent. Si vous recherchez l'indépendance en vous installant seul, en décrochant une promotion, ou bien une carrière plus épanouissante, vous serez comblé.

Si vous êtes en recherche d'emploi, ouvrez vos perspectives en matière de localisation et de compétences. Vos projets créatifs seront favorisés.

Le trois d'épée

Elle ne prédit jamais une peine de cœur, mais elle peut vous prévenir contre quelqu'un qui semble trop parfait pour être fiable. Utilisez votre esprit et votre logique si vous êtes sous pression émotionnelle ou si vous êtes manipulé. Apprenez à dire non aux amis, aux proches et aux collègues déraisonnables.

Veillez à ce que personne ne draine vos finances ou ne vous persuade de lui prêter de l'argent ou de signer un contrat.

Cette lame indique que vous progresserez dans des études ou un nouvel emploi.

Attention à ceux qui vous sourient tout en propageant des rumeurs dans votre dos.

Cette carte est excellente pour toutes les interventions médicales et chirurgicales.

IV - LES QUATRE : ATTENTION !

Les quatre explorent la question : devez-vous prendre des risques ou rester dans la situation actuelle ? Ils apparaissent lorsque vous vous demandez si la vie a plus à offrir que la sécurité.

Le quatre de denier

Ce quatre est l'exemple ultime du choix entre le cœur ou la raison. Votre vie vous satisfait, mais vous pourriez trouver la joie en investissant dans une activité qui vous épanouit sans vous enrichir. Associé aux deniers, le quatre garantit que votre mise paiera, car il représente souvent un risque à court terme ou un gain incertain à long terme.

C'est aussi une carte qui parle de la famille : vous pouvez améliorer votre qualité de vie en osant aller vers de nouveaux horizons ou en dépensant de l'argent en loisirs.

La lame peut indiquer que vous restez dans une relation ou un emploi par sécurité, tout en compromettant votre liberté, des amours à venir, votre évolution et vos initiatives.

Le quatre de coupe

Le quatre de coupe montre que vous devez prendre des décisions : ne laissez pas les problèmes s'accumuler et n'obligez pas les autres à décider pour vous. Il concerne souvent des incertitudes sur l'envie d'engagement de votre partenaire. Quelle est la meilleure approche pour vous ? Laisser les choses se faire d'elles-mêmes ou poser la question et risquer un rejet ? Mieux vaut se lancer, car si ce partenaire n'est pas le bon, vous pourrez avancer.

Le quatre de coupe suggère également que vous n'êtes pas comblé spirituellement, personnellement ou professionnellement. Il est temps de prendre des décisions et de vous lancer ! On n'a de regrets que lorsque l'on ne fait rien, et vous devrez peut-être sortir de votre zone de confort cette fois-ci.

Le quatre de bâton

Le quatre de bâton est la lame qui évoque une situation idyllique : c'est l'occasion de changer votre logement pour vous sentir vraiment chez vous. Les circonstances matérielles sont moins importantes que la joie de vivre vos rêves aussi tôt que possible. La carte ne parle pas seulement d'une maison traditionnelle : cela peut être un bateau ou une caravane.

La lame peut aussi indiquer que vous allez atteindre bientôt vos ambitions personnelles pour profiter d'un succès. Mais en tant que quatre, il vous demande : « Est-ce que vous voulez plus ? Voulez-vous aller plus loin quitte à sacrifier votre confort, ou bien rester là où vous vous sentez bien ? »

Le quatre de bâton peut apparaître au milieu d'une carrière, à l'approche de la retraite. Cette lame indique que vous pouvez toujours trouver des moments où tout va mieux, par exemple en explorant le monde ou en construisant la maison de vos rêves.

C'est également une lame qui parle de travailler de chez soi. Elle peut impliquer des changements drastiques mais temporaires.

Le quatre d'épée

Cette carte évoque les peurs qui nous empêchent de changer ou de nous mobiliser contre l'injustice.

Il y a souvent une bonne raison de ne pas agir : circonstances, personnes dépendantes, trahisons passées, revers de fortune. Un quatre indique que ce n'est peut-être pas le bon moment pour agir. Mais cette lame est là pour vous rassurer : dans votre tête, ces peurs sont bien pires que la réalité.

Lorsque vous vous sentez prêt, utilisez le pouvoir des épées pour percer vos peurs et atteindre ce que vous voulez.

V - CINQ : UNE VICTOIRE MALGRÉ LES EMBÛCHES

Les cinq sont les lames de la communication, de l'action rapide et réussie, et de l'acquisition de connaissances ou de ressources.

Les cinq indiquent que vous devez accepter la situation telle qu'elle est. Avec des efforts et à l'aide de ressources lointaines ou inattendues, tout se résoudra d'une manière surprenante, mais juste.

Le cinq de denier

Vous ne recevez pas l'aide ni le soutien dont vous avez besoin de la part de vos proches ou des institutions. Cette lame suggère que vous vous inquiétez pour l'argent, la maison, la famille, l'éducation d'un enfant ou la prise en charge d'un proche malade ou âgé.

La carte vous dit de persévérer, tout en ajoutant d'autres sources d'aide qui peuvent vous aider à obtenir des ressources appropriées.

Elle peut apparaître lorsque vous êtes submergé par vos responsabilités domestiques ou professionnelles ; insistez pour que les autres fassent leur part.

Le cinq de coupe

Une relation blessée peut être guérie. Mais est-ce votre souhait ? Si oui, que faut-il changer pour qu'elle fonctionne ? Vous arrivez peut-être dans un moment difficile d'une longue relation. Essayez de vous libérer des interférences extérieures et partez ensemble, pourquoi pas de manière permanente ? Cette lame peut aussi apparaître si vous entretenez une relation extraconjugale, ou si elle vous tente. Certaines personnes peuvent s'épanouir avec deux partenaires, mais l'une des relations (ou les deux) pourrait se briser sous la pression.

Le cinq de bâton

Cette carte apparaît lorsque vous devez vous battre pour ce que vous voulez : promotion au travail, succès dans un domaine créatif, artistique ou dans celui d'une compétition. Vous devrez défendre votre identité si elle est sapée par les demandes des autres. Une carrière dans la communication ou les médias est placée sous de bons augures. Si votre travail implique trop de compétition, cherchez-en un autre ou bien faites-le seul.

Le cinq d'épée

Cette lame indique que vous vous battez contre des obstacles – avec succès !

Surmontez calmement les embûches et les oppositions, mais soyez clair sur les faits et sur vos droits. C'est une bonne carte pour obtenir justice. Attention cependant aux opérations tortueuses ou aux faux amis qui pourraient vous planter un couteau dans le dos.

Si vous vous sentez manipulé, ne laissez plus les autres vous atteindre ni vous priver de vos forces.

LE TIRAGE DES CHOIX

Ce tirage remarquablement simple permet de choisir entre au moins deux solutions.

Carte 1 : la question

Cette carte représente le choix ou la question qui anime le consultant.

Tirez la carte 1 face cachée dans le jeu.

Ne la retournez pas avant d'avoir tiré toutes les cartes et assigné les solutions.

Carte 2 à 7 : les deux choix

Tout d'abord, décidez quelle colonne représentera quelle option. Tirez six cartes face cachée par paires et placez-les les unes sous les autres en partant juste en dessous de la carte 1.

Révélez la carte 1 et demandez-vous ce qu'elle apporte à votre question. Si cela n'est pas clair, tirez une seconde carte que vous placerez à côté.

Révélez et interprétez les cartes de l'option 1 : carte 2, 4 et 6, dans cet ordre (voir schéma).

Lisez ensuite la seconde colonne : cartes 3, 5 et 7. Décidez quel choix semble le plus viable.

Si aucune option ne vous paraît bonne, ajoutez une troisième colonne à droite.

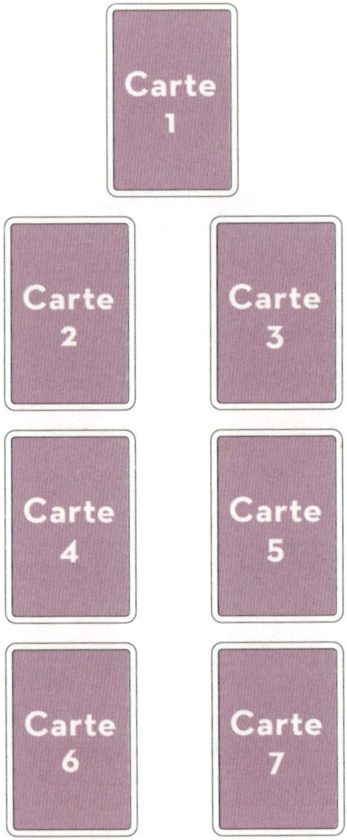
Carte
1
Carte
2
Carte
3
Carte
4
Carte
5
Carte
6
Carte
7

CARTE 1 : question ou problème qui exige une action.

CARTE 2 : action suggérée pour la solution 1, colonne de gauche.

CARTE 3 : action suggérée pour la solution 2, colonne de droite.

CARTE 4 : conséquences imprévues (bonnes ou moins bonnes) de l'option 1.

CARTE 5 : conséquences imprévues de l'option 2.

CARTE 6: résultat probable de l'option 1.

CARTE 7 : résultat probable de l'option 2.

Une lecture issue de mes consultations

Voici ce tirage dans l'une de mes consultations.

L'HISTOIRE DE TOM

La petite amie de Tom, Linda, l'a quitté pour la troisième fois. Désormais, elle veut se remettre avec lui car sa nouvelle relation a encore tourné à la catastrophe. Tom se donne deux options : redonner une chance à Linda ou poursuivre son chemin seul.

La carte 1, celle du problème posé, est l'as d'épée.

Elle interroge Tom : doit-il logiquement redonner sa chance à Linda après tant de trahisons ?

C'est également une carte qui évoque l'apprentissage. On propose à Tom une formation intéressante pour sa profession de travailleur social, qui implique de déménager à 300 kilomètres pendant six mois. Linda n'accepterait jamais, il le sait.

OPTION 1 : retourner vers Linda et refuser la formation.

La carte 2, celle de l'action suggérée, est l'arcane des Amants.

Redonner sa chance à Linda mènerait à une réconciliation passionnée, mais après cette période de lune de miel, Linda a toujours fini par se lasser et le tromper.

La carte 4, celle des conséquences imprévues de l'option 1, est la lame de la Mort.

Qu'est-ce qui va mourir ? La sérénité de Tom, qui serait rongé par la méfiance, et surtout son avancement professionnel. Pourtant, Linda l'attire follement, et les moments de bonheur avec elle sont idylliques.

La carte 6, celle du résultat probable de l'option 1, est le cinq de coupe.

Peut-elle changer ? Tom sait bien que non. Mais il l'aime et ne veut pas la voir partir.

OPTION 2 : poursuivre son chemin seul et accepter la formation proposée.

La carte 3 (action suggérée) est le huit de coupe, qui montre un homme marchant vers l'inconnu.

Tom laisserait derrière lui un attachement insatisfaisant, avec tristesse car il a toujours des sentiments pour Linda.

La carte 5, celle des conséquences imprévues de l'option deux, est l'as de coupe, la lame des renouveaux amoureux. Même si cette lame peut indiquer que Linda apprécierait mieux les qualités de Tom s'il partait pour six mois, elle suggère plus certainement qu'il trouvera une nouvelle relation sur son chemin.

La carte 7, celle du résultat probable de l'option 2, est l'Empereur. Cette carte puissante montre Tom (dont Linda a confisqué le pouvoir) se focaliser sur sa carrière pour progresser.

Tom a décidé de demander à Linda de venir vivre avec lui près de sa formation. Elle a refusé et a essayé de le convaincre d'abandonner cette idée pour elle. Tom a dit non, validé haut la main sa formation et obtenu un excellent emploi. Il est désormais fiancé à une travailleuse sociale qu'il a rencontrée au cours de la formation.

5

LES ARCANES MINEURS, DU SIX AU DIX

Les lames de six à dix montrent que l'on peut réaliser des changements harmonieux qui nous mèneront vers une victoire et de nouveaux départs.

VI - LES SIX : HARMONIE ET ÉQUILIBRE

Les six explorent comment trouver et garder l'équilibre en vous. Ils promettent que vos attentes seront surpassées.

Mais ils peuvent aussi apparaître lorsque vous regrettez le passé et rêvez de l'avenir au lieu vous focaliser sur le présent. Attendez-vous un amour et un bonheur parfaits au lieu de profiter d'une relation amoureuse réelle et présente malgré ses défauts ?

Le six de denier

À cet instant, vous donnez peut-être plus que ce que vous recevez dans un domaine financier, pratique ou en reconnaissance. Cette carte est souvent liée à une question familiale. Elle peut aussi se rapporter à une vie professionnelle pleine de responsabilités et sans reconnaissance.

Elle peut également parler de problèmes de trésorerie dus à des proches tout à fait capables de gérer leurs finances ou bien à une initiative qui ne le mérite pas.

Cette lame favorise la spéculation et les emplois dans la finance, la banque, ou les soins du quotidien, notamment avec des personnes âgées.

Le six de coupe

C'est une lame qui promet un amour heureux et durable, qui parle de fonder une famille et de trouver un foyer. Si vous êtes plus âgé, elle indique que vous êtes avec la bonne personne, mais que vous n'avez pas trouvé la maison ou le style de vie rêvés. Elle peut aussi parler d'un nouvel arrivant dans la famille : une naissance, une relation amoureuse, ou bien de nouveaux beaux-enfants. L'harmonie sera au rendez-vous.

Enfin, elle peut annoncer le retour d'une personne du passé, des contacts inattendus avec des amis d'enfance ou bien une ancienne relation.

Le six de bâton

Cette carte vous montre en train de rentrer chez vous victorieux, dans six semaines ou dans six mois. La temporalité dépend de la question et des cartes qui l'entourent. Persévérez et vous aurez du succès dans une nouvelle aventure créative, un changement de carrière, un rêve de voyage, une envie de liberté. C'est la carte de l'harmonie qui arrive lorsque vous réalisez votre vision en sortant de l'anonymat.

Le six d'épée

Des temps plus calmes, plus prospères et plus heureux vous attendent après une période d'inquiétude, d'incertitude ou d'efforts. Laissez derrière vous l'amertume et les regrets.

Cette carte peut aussi indiquer un voyage bénéfique, généralement dans moins de six mois : des vacances, une mutation ou un déménagement qui vous apportera le bonheur. Un voisin gênant ou un collègue malveillant quittera bientôt votre vie par surprise.

VII - LES SEPT : CONTEMPLATION

Sept est le nombre de la sagesse, de la spiritualité et du mystère. Ne vous ruez pas sur une décision. Attendez d'être prêt. Vous pourriez découvrir que votre vie vous va telle qu'elle est.

Faites confiance à votre intuition et vos rêves. Cette carte représente un moment où votre développement psychologique et vos pouvoirs de guérison évolueront naturellement.

Attention aux illusions : certains raccourcis n'en sont pas. Vous pourriez également être escroqué.

Le sept de denier

C'est une lame qui parle de la sécurité à long terme par l'argent, ou d'une propriété qui continuera à s'étendre sur les sept prochaines années au moins. Cette lame indique que c'est le bon moment pour acheter une maison, investir dans le foncier ou réaliser des investissements sûrs. Évitez les investissements spéculatifs.

Le fruit de vos efforts et de l'investissement en temps et en ressources commencera à se voir d'ici à six ou sept mois. Les problèmes d'argent ou familiaux s'amélioreront dans ce délai.

Le sept de coupe

Il représente une perspective de carrière, un projet qui compte vraiment pour vous, ou une perspective relationnelle : il implique de faire des choix avec le cœur plutôt qu'avec la tête.

Vous vous posez des questions sur un engagement amoureux long à venir, qui vous semble peu fiable ou vous interroge sur la confiance à lui porter. Posez des questions au lieu de vous inquiéter. Vous découvrirez que les peurs n'étaient que des doutes. Un proche bénéficiera de thérapies alternatives et naturelles. Ne laissez pas les autres influencer ces choix.

Le sept de bâton

Ici, le choix est clair : n'ayez pas peur d'exiger ce qui vous est dû. Posez des fondations ou bien quittez vos racines pour refaire votre vie ailleurs. Rester immobile n'est pas une option.

C'est une carte qui annonce le succès, même si vous devez d'abord défendre votre position, avancer des arguments et vous battre contre vos opposants. Elle peut révéler une occasion soudaine de prendre une position de leader. Restez ouvert et ne vous sous-estimez pas.

Le sept d'épée

Cette carte vous alerte contre les hypocrites.

Si des questions de finances, de garde d'enfant ou de propriété font l'objet d'un contentieux, en particulier dans un divorce, veillez à être bien représenté et recherchez chez votre adversaire les signes d'un mensonge ou d'une dissimulation d'actifs. Si vos affaires vont mal, vous comblerez ces pertes à l'avenir, même si vous ne retrouvez pas les fonds perdus. Si vous êtes affecté par les rumeurs ou des voisins gênants, ou bien si vous avez des doutes sur un amant qui vous a trahi par le passé, ne vous laissez pas abuser.

Ne cédez pas à des offres trop belles pour être vraies ou aux propositions de gagner de l'argent rapidement.

VIII - LES HUIT : OPPORTUNITÉ ET APPRENTISSAGE

Les huit sont des cartes actives, des cartes d'entrepreneur. Elles maximisent les chances et surmontent les obstacles. Elles vous disent de tourner le dos à ce qui ne fonctionne plus ou aux problèmes qui vous hantent, d'apprendre des choses et de partir à la découverte de visages et de lieux. La spéculation et la prise de risque se révéleront rapidement payantes.

Le huit de denier

Cette carte de l'apprenti promet que vous allez faire fortune grâce à vos efforts. C'est le bon moment pour apprendre un nouveau talent ou transformer un intérêt en une affaire florissante.

Dans une carrière satisfaisante, cette carte annonce l'occasion de changer de domaine au sein de l'institution ou de prendre des responsabilités. Elle est de bon augure pour des projets de bricolage ou des rénovations.

Si vous perfectionnez vos talents depuis longtemps, c'est le moment de les montrer au public – et d'en retirer de l'argent.

Le huit de coupe

C'est une carte qui vous fera quitter ce qui ne fonctionne pas : une relation destructrice, une mauvaise habitude, un emploi qui vous rend malheureux ou une maison qui n'est pas la bonne pour vous. Cette carte vous incite à vous diriger vers ce qui vous rendra heureux et épanoui. Cela peut impliquer une mutation ou un voyage. Elle peut aussi annoncer une réconciliation après une trahison ou une séparation temporaire, avec des conditions plus stables que vous devrez définir.

Elle indique aussi une période de travail hors de la maison qui sera avantageuse pour vous. C'est un bon présage pour une relation à distance.

Le huit de bâton

C'est la carte qui dit que tout va bien : elle indique des perspectives de voyage inattendues et épanouissantes, des vacances et des projets lointains ou à long terme.

Un huit de bâton peut indiquer un changement de carrière pour le meilleur, un déménagement, la visite d'amis, l'achat d'une maison de vacances, d'un bateau ou d'un véhicule.

C'est l'occasion de développer des intérêts qui vous plaisent, de rencontrer des personnes nouvelles et stimulantes, d'entretenir son réseau – en particulier sur Internet – et, si vous avez une entreprise, de toucher un marché plus large. La lame suggère une percée dans le monde artistique.

Le huit d'épée

C'est la lame des restrictions imposées par d'autres, par vos peurs, par des voix négatives venues du passé, que vous vaincrez par l'effort et la détermination.

Les revers pourront se transformer en chances si vous vous libérez des limitations et des interdits que vous avez inconsciemment intégrés.

Ce que vous craignez le plus – perdre un emploi, un être cher ou de l'argent – n'arrivera pas. Mais demandez-vous si vous voulez réellement être dans la situation où vous êtes. Cette carte peut vous permettre de vaincre des dépendances, des peurs, des phobies.

IX - LES NEUF : ÉPANOUISSEMENT

Ce sont les cartes du soi : confiance, indépendance et, surtout, autosuffisance. Ce sont les cartes de votre combat pour atteindre ce que vous voulez par-dessus tout, en particulier un projet créatif ou indépendant qui vous apportera la liberté. N'acceptez pas d'être le second : vous pouvez atteindre vos rêves avec un effort en plus.

Le neuf de denier

On l'appelle parfois « la carte des souhaits réalisés » ; elle parle d'atteindre la sécurité financière. Vous pouvez réussir par vos propres efforts ; vous n'avez besoin ni de faveurs, ni de la bonne volonté des autres. Qu'il s'agisse d'un problème familial, d'une question financière ou d'un projet commercial, vous assurerez votre indépendance financière si vous faites les choses à votre manière.

Le neuf étant également le nombre de la perfection, cette lame peut signifier que vous atteindrez une ambition qui vous anime depuis longtemps. Elle est de bon augure pour l'emploi.

Vous devrez aider un ami ou un membre de la famille à compter sur ses propres moyens, même si vous devez vous montrer dur. Ne courez pas à la rescousse des membres de la famille ou des amis qui pourraient s'en sortir seuls. Votre priorité : vous constituer une cagnotte.

Le neuf de coupe

Le neuf de coupe représente l'indépendance des pressions émotionnelles. Cette lame vous aide à découvrir vos pouvoirs et vos désirs au sein d'une relation quand vous comptez sur l'approbation des autres.

À l'heure actuelle, vous devriez vous focaliser sur votre travail et votre épanouissement personnel. Vos relations sentimentales devront passer au second plan un instant. Cette carte peut apparaître notamment lorsqu'une jeune maman retourne au travail et se sent coupable de négliger sa famille.

Elle peut aussi apparaître lorsque l'on a besoin d'un temps seul, notamment après une rupture. Au lieu de replonger rapidement dans une relation, vous apprécierez un peu d'indépendance pendant une période de célibat et dans une relation future.

Le neuf de bâton

C'est une carte que l'on appelle souvent « la carte du presque ». Elle représente un triomphe imminent après une difficulté de carrière ou bien un succès artistique après un revers.

Si vous avez toujours du mal à accomplir vos objectifs et que vous vous demandiez encore si tout cela vaut la peine, c'est la carte qui vous dit d'être courageux. La victoire est assurée, même si vous devez tout donner. Elle peut également indiquer que vous recouvrez la santé après une maladie, un accident ou un moment de fatigue.

Le neuf d'épée

Le neuf d'épée parle de peurs solidement ancrées, d'oppositions et de pressions émotionnelles comme financières. Il promet cependant que tout ira bien si vous vous attaquez directement aux problèmes, si vous ignorez les rumeurs, si vous choisissez de suivre la meilleure solution logique même si elle n'est pas idéale.

C'est une carte qui vous parle de vous libérer des dettes : demandez l'avis de personnes indépendantes, car les problèmes financiers et de logement qui vous submergent ne pourront se résoudre que si vous vous occupez des factures et des documents officiels.

Attention aux vampires émotionnels qui pompent votre énergie avec leurs problèmes. Si vous travaillez dans une atmosphère hostile, essayez d'en sortir… et entre-temps, de ne pas plonger dans cette ambiance toxique.

X - LES DIX : ACCOMPLISSEMENT ET FIN D'UN CYCLE

Les dix sont des cartes qui promettent la réussite de toutes vos ambitions, ainsi que le bonheur à long terme et la sécurité. Cela peut impliquer de fermer des portes pour passer au cycle suivant et de se débarrasser de ce dont vous n'avez plus besoin : adieu les charges, activités et personnes qui vous retiennent en arrière ou sont jalouses de votre succès. Tirez le meilleur profit des avantages si durement gagnés.

Le dix de denier

Le dix de denier est la lame du bonheur à long terme, de la sécurité et de la joie au sein du foyer. Quels que soient vos problèmes financiers ou familiaux, ils se résoudront au mieux ; la sécurité et le bonheur dureront. C'est une carte qui tombe bien si vous envisagez de fonder une famille, de vous installer quelque part, de travailler avec des animaux ou d'en adopter.

Pour les personnes à la veille de la retraite, elle peut annoncer un déménagement à l'étranger, ou si vous êtes plus jeune, un projet professionnel en couple, souvent depuis la maison. Les projets pratiques, d'artisanat ou d'accueil sont favorisés.

Ne soyez pas tenté d'aller voir ailleurs si votre relation passe par des moments difficiles. Restez fidèle aux amis loyaux plutôt que de suivre des gens qui vous intriguent mais se révéleront peu fiables.

Le dix de coupe

Le dix de coupe est la carte ultime de l'amour ; elle parle d'amour et de fidélité plutôt que des aspects matériels et sécuritaires d'une relation. Lorsque le dix de denier est présent dans un tirage, le dix de coupe vient le compléter pour un bonheur total.

Suivez votre cœur, même si cela signifie abandonner votre sécurité ou une personne qui vous promet tout – sauf l'amour – ou qui n'anime pas votre passion.

Le dix de coupe peut annoncer un renouveau soudain de la passion après une période d'éloignement, ou une relation qui exige un engagement plus permanent pour s'épanouir. Cette lame indique qu'un amour secret, ou dans lequel l'un des partenaires n'est pas libre, trouvera une résolution favorable.

Il peut également annoncer un bonheur par les enfants et les petits-enfants ou un travail de soin auprès des enfants.

Le dix de bâton

La carte indique que l'aboutissement de vos objectifs créatifs ou de carrière, de vos projets de voyage ou de vos rêves personnels est en vue.

Laissez derrière vous les aspects de votre vie devenus redondants ; abandonnez ce qui vous frustre ou ce qui vous empêche de réaliser ces rêves si chèrement gagnés.

C'est une lame qui promet un soutien inattendu ou une aide financière pour réaliser un rêve.

Elle assure que vous ou un proche recouvrerez la santé.

Le dix d'épée

C'est le symbole des fins nécessaires, qui mène à un nouveau départ lorsqu'une relation ou une carrière est dans une impasse. Soyez fort et ne vous laissez pas intimider ni manipuler pour rester dans une situation sans espoir par culpabilité ou loyauté. Il y a vraiment une lumière au bout du tunnel.

Si vous ou l'un de vos proches va bientôt se faire opérer ou subir un traitement médical, cette carte est un excellent présage.

LE TIRAGE DU CARREFOUR

Essayez le tirage du carrefour si vous arrivez à un moment de changement, un « et maintenant », ou lorsque vous avez l'impression d'avoir perdu le fil de votre vie.

Généralement, à la fin du tirage, on revient à la carte 1 (la question originelle) pour réévaluer si l'on souhaite réaliser des changements à la lumière des cartes 2 à 5 et, si tel est le cas, comment et quand.

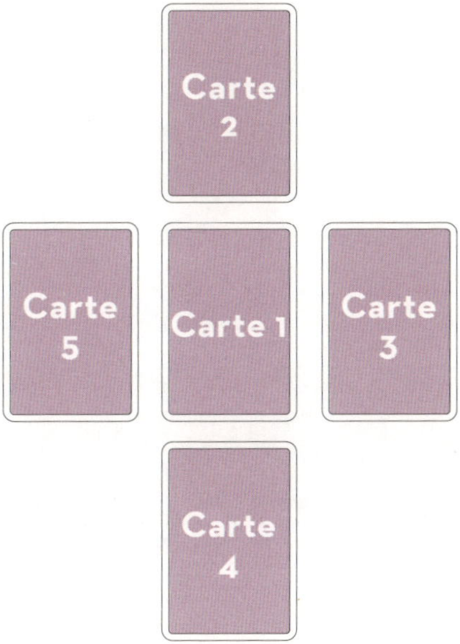

CARTE 1 : Où en êtes-vous maintenant ?

CARTE 2 : Qu'allez-vous gagner avec ce changement ?

CARTE 3 : Qu'allez-vous perdre ?

CARTE 4 : Qui ou quel élément vous aidera à le réaliser ?

CARTE 5 : Qui ou quel élément vous en empêchera ?

CARTE 1 : Réévaluation : ce changement vaut-il la peine ? Si oui, quand ?

CARTE 6 : Optionnelle et à prendre dans le jeu face cachée si la carte 1 doit être clarifiée.

Retournez chaque carte l'une après l'autre. Vous verrez que vous considérerez la carte 1 différemment à la fin du tirage. Sinon, repensez à la question, prenez une sixième carte pour la clarifier et couvrez la carte 1.

6

LES FIGURES

Les seize dernières cartes s'appellent les « figures », ou « cartes de cour ». Elles sont quatre dans chaque couleur : valet (ou rarement princesse), cavalier (ou rarement prince), reine et roi. Ces lames représentent des proches : membres de la famille, amoureux, enfants, amis, ennemis, employeurs, supérieurs ou collègues influents. Les noms des cartes peuvent varier selon les jeux, mais ils restent facilement identifiables. Les figures peuvent aussi symboliser des qualités, des forces et des défis.

INTERPRÉTER LES FIGURES

Une fois que vous aurez lu la signification des figures, identifiez chacun de ces seize personnages dans votre vie, passée ou présente. Demandez-vous également quelle carte vous ressemble le plus, et à laquelle vous souhaitez ressembler.

Les valets (ou princesses)

Les valets parlent d'une petite fille ou d'un garçon sensible, d'un adolescent de l'un ou l'autre sexe. Ils évoquent également une jeune femme qui n'est pas installée dans une relation suivie ou dans son propre logement – ou qui agit comme une princesse !

La carte peut représenter un aspect peu développé de la personnalité du consultant, un talent en train d'émerger ou bien les premiers pas vers une nouvelle phase ou activité.

Le valet peut avoir une portée négative lorsqu'il révèle qu'une personne, quel que soit son âge, se conduit comme un enfant, se montre têtue et demande de l'aide alors qu'elle n'en a pas besoin. Les valets de cinquante ans sont bien plus fréquents que vous ne croyez !

LE VALET DE DENIER

S'il représente un proche, le valet de denier est quelqu'un de jeune (ou de jeune pour son âge) qui reste fiable, patient, calme et travailleur, et à qui l'on peut faire confiance pour les questions d'argent. Ce valet parle de l'apprentissage d'un talent ou du lancement d'études progressives. Il peut également annoncer un renouveau financier après un revers.

Son seul aspect défavorable : son peu d'appétence pour la nouveauté.

LE VALET DE COUPE

Très sensible, doux, imaginatif, fiable, idéaliste et sensible, il annonce un premier amour ou un amour qui s'épanouit doucement.

En tant que caractéristique, le valet de coupe évoque un lent regain de confiance après une trahison. Il parle également d'une nouvelle passion, du développement de la spiritualité et de pouvoirs guérisseurs.

Son défaut : mettre les gens sur un piédestal et se sentir trompé lorsqu'ils se révèlent humains. Ces valets sont faciles à escroquer.

LE VALET DE BÂTON

Il change constamment d'avis, de lieu de vie, d'activités, d'amis et semble passer d'un intérêt à l'autre sur un coup de tête.

Comme caractéristique, ce valet symbolise l'émergence d'un nouveau rêve créatif. Il indique aussi que vous n'avez pas envie de vous engager dans un chemin précis, mais plutôt de papillonner de projet en projet.

Son mauvais côté : il a tendance à être facilement distrait, et fait preuve d'impatience en attendant que des idées se développent.

LE VALET D'ÉPÉE

Trop intelligent pour son propre bien, il questionne l'autorité pour le plaisir et peut blesser par son manque de tact.

En tant qu'attribut, vous rejetez une aide, un conseil, de l'affection à cause d'une blessure passée. Ne vous battez-vous pas pour des causes qui ne méritent pas votre intérêt ?

Son aspect difficile : être trop sur la défensive et voir des insultes là où il n'y en a pas.

Les cavaliers (ou princes)

Les cavaliers (ou rarement, les princes) symbolisent des adolescents. Ils représentent de jeunes gens célibataires ou bien des hommes de tout âge qui retiennent leur désir de liberté – même s'ils sont dans une relation sérieuse.

Cette carte comme caractéristique indique un enthousiasme et l'envie d'un projet ou d'un changement de vie qui vous apportera liberté et épanouissement personnels. En amour, les cavaliers représentent une relation qui met du temps à mûrir, à tout âge et tout moment.

Son défaut : l'égoïsme, à tout âge (en pleine crise de la quarantaine, les hommes peuvent redevenir des cavaliers).

LE CAVALIER DE DENIER

Assez conservateur, il ne s'éloignera pas de ce qui lui est familier. Ce cavalier persévère pour développer une carrière solide et fera des économies pour acquérir un logement. Amoureux fidèle, la communication n'est pas son fort.

Il peut représenter un projet rémunérateur et une persévérance vis-à-vis de dossiers qui avancent lentement ou de personnes difficiles à vivre.

Son défaut : une difficulté à exprimer des opinions contraires ou à prendre des risques.

LE CAVALIER DE COUPE

C'est votre chevalier servant : romantique, idéaliste, rêveur – une âme sœur dont l'amour grandira au fil des années.

Le cavalier de coupe symbolise l'amour véritable et une relation qui vient ; il peut apparaître si vous êtes tenté par une relation secrète. Il annonce également l'apprentissage d'un talent spirituel ou axé sur les autres, qui pourra se transformer en carrière.

Son côté sombre : le romantique qui reste un enfant et laisse derrière lui des cœurs et des rêves brisés, qu'il s'agisse des siens ou de ceux des autres.

LE CAVALIER DE BÂTON

Le cavalier de bâton est charismatique mais peu fiable ; il change souvent de chemin pour trouver des quêtes toujours plus exaltantes et toujours plus risquées.

Grand spéculateur, grand communicant, il peut se sortir de situations difficiles par l'éloquence. Cet entrepreneur parvient rapidement au succès, cependant il peut le perdre très vite… avant de réussir à nouveau. La lame symbolise l'envie de voyager et de vivre ses rêves à tout âge et coûte que coûte. Si nécessaire, il abandonnera des engagements encombrants.

Son défaut : il n'a pas envie de s'enfermer dans une routine, et peut abandonner un ami ou un amoureux pour quelqu'un de plus exaltant.

LE CAVALIER D'ÉPÉE

Le cavalier d'épée est précis dans ses objectifs, que ceux-ci concernent un projet ou une personne – les autres doivent dégager le chemin.

Remarquablement intelligents, notamment dans les domaines scientifiques, médicaux ou technologiques, mais sarcastiques, ces cavaliers s'offensent facilement et mettent du temps à pardonner. Bien guidés, ils peuvent être très positifs, le cavalier d'épée se bat courageusement contre l'injustice mais n'acceptera jamais de compromis ni d'imperfection pour lui-même ou pour les autres.

Son défaut : il peut se blesser ou blesser des innocents.

Les reines

Les reines représentent des femmes plus âgées ou matures. Ce ne sont pas nécessairement des mères, mais elles sont bien installées ou prennent soin des autres.

Ce sont des femmes d'autorité, ou bien des hommes dans un rôle de maternage.

Elles évoquent une période fertile dans tous les sens du terme : une occasion d'utiliser vos talents créatifs pour aider, conseiller ou protéger les autres, la perspective d'une seconde carrière ou celle de prendre en charge une famille déjà complète.

Leur défaut : elles peuvent se révéler possessives ou se définir uniquement par le bonheur des autres.

LA REINE DE DENIER

C'est la reine du foyer et une femme d'affaires à qui la réussite sourit. Elle doit souvent trouver un équilibre entre ces deux aspects. Elle peut être une mère, une grand-mère, une directrice ou une manager qui prend soin des autres.

Elle s'occupe des autres de manière pratique plutôt qu'émotionnelle, et respecte ses responsabilités et ses engagements même si elle est fatiguée ou très occupée. Elle apparaît dans une période assez stable ou à un moment où vous transformez une passion en projet de grande ampleur.

Son défaut : elle travaille trop pour les autres et devient martyre ; elle délègue trop peu.

LA REINE DE COUPE

Reine des cœurs par excellence, cette maîtresse de l'amour et de la fertilité est très sensible au manque d'harmonie au travail ou en famille.

Symbole de fertilité, elle reste en prise avec son côté spirituel et guérisseur. En matière de sentiments, c'est une femme qui est aimée profondément ou qui trouvera vite un amour durable. Comme qualité, elle dit que vous êtes prêt à vous engager ou que vous êtes avec la bonne personne ; elle indique également une carrière réussie dans les arts spirituels, l'accompagnement psychologique ou thérapeutique.

Son défaut : elle a peur de laisser partir celles et ceux qu'elle aime ; elle aime trop fort. Elle voit la vie en rose.

LA REINE DE BÂTON

Cette reine est flamboyante, créative, inspirante, pleine d'idées et ouverte aux aventures et aux voyages. Toujours fidèle à elle-même, elle peut incarner une mère inspirante et une partenaire loyale, naturellement très créative. Elle a besoin d'une carrière stimulante et aime être son propre patron.

La lame symbolise un fort désir d'indépendance et la chance de bien gagner sa vie par ses talents créatifs et communicationnels. Mais pour cette reine, l'épanouissement compte plus que l'argent.

Ses défauts : elle peut manquer de patience avec les faiblesses des autres et elle sait qu'elle a toujours raison.

LA REINE D'ÉPÉE

C'est une icône du pouvoir féminin ; elle est déterminée à gagner malgré les obstacles, et surtout à apprendre de nouvelles choses. Solide, intelligente, elle a surmonté de grandes épreuves et peut se montrer incroyablement loyale, même si elle semble froide, trop critique et amère.

Elle peut cependant apparaître sous la forme d'un ancien partenaire difficile à vivre et manipulateur, ou bien d'une mère qui cause des problèmes.

Elle représente une lutte soudaine contre les abus ou l'injustice. Elle est de bon augure si vous commencez des études, une formation ou une reconversion.

Ses défauts : la vie l'a rendue amère, et elle jalouse le bonheur des autres. Elle utilise le chantage émotionnel pour faire culpabiliser.

Les rois

Les rois représentent des hommes mûrs, des pères, des grands-pères, des mentors, des figures d'autorité, soit en tant que personne (conseiller bancaire ou responsable financier), soit en tant qu'institution (juridique par exemple). Dans une relation amoureuse, ils représentent des partenaires de long terme.

En tant que caractéristiques, les rois symbolisent le pouvoir, le succès et une détermination qui se révélera payante. Ils peuvent aussi se trouver chez des femmes ambitieuses, qui veulent parvenir en haut de l'échelle hiérarchique.

Leurs défauts : inflexibilité, dogmatisme et une tendance à juger ou pire, à intimider.

LE ROI DE DENIER

Ce roi fiable et sage offre une stabilité ainsi qu'une sécurité matérielle ; c'est le mari, le père ou le grand-père idéal, le conseiller bancaire compréhensif, le courtier honnête, l'employeur juste.

S'il représente un proche, le roi de denier offre la stabilité. Il connaît – ou connaîtra un jour – un succès financier dans sa carrière. Il peut diriger une entreprise qui marche bien.

En tant que caractéristique, cette carte apparaît lorsque vous vous engagez sur un projet professionnel ou foncier à long terme, lorsque vous réalisez des rénovations ou lorsque vous essayez d'arriver à un poste à haute responsabilité. Cette carte assure le succès.

Les défauts de ce roi : son obsession pour l'argent et sa tendance à vouloir entraîner les autres dans son chemin. Le roi de denier peut également se montrer rétif au changement ou au voyage.

LE ROI DE COUPE

Ce roi de cœur représente un amour durable et la fidélité dans les bons moments comme dans les mauvais.

Il sait s'y prendre avec les enfants, les animaux, les personnes âgées et peut se montrer trop généreux de son temps, de ses ressources ou de son argent – pas toujours pour de bonnes causes.

En tant que caractéristique, cette carte peut représenter le choix entre un amour ancien et enraciné, et un amour naissant qui verra le cœur triompher. Elle peut aussi indiquer que c'est le bon moment pour s'engager dans une relation – pourquoi pas pour toujours ?

Les défauts de ce roi : rêver d'un idéal tout en passant à côté d'un bonheur actuel mais imparfait. Une crise de confiance au moment de la crise de la quarantaine peut le rendre sensible à la flatterie.

LE ROI DE BÂTON

Ce « Roi Soleil » est un visionnaire, un créateur à qui tout sourit, un vendeur, un entrepreneur, un chef naturel, un inventeur. Il voyage depuis toujours. En tant que père et mari, il apporte son humour, un peu de variété et un style de vie peu conventionnel.

Il nous conseille de tout donner pour atteindre la renommée, l'épanouissement et la fortune. Il nous dit d'étendre notre réseau autant que possible, en particulier sur Internet, pour toucher un nouveau public.

Ses défauts : il manque de tact vis-à-vis des besoins et des ressentis d'autrui (il fait le spectacle à lui tout seul). Il peut se révéler instable, avoir tendance à flirter et se montrer arrogant face à ceux qu'il considère comme ennuyeux ou inintelligents.

LE ROI D'ÉPÉE

Défenseur de la vérité, de la justice, de l'impartialité, on ne peut ni l'intimider ni l'acheter. Cependant, il exprime difficilement ses émotions. C'est un père, un grand-père, un mari taciturne, qui pourrait donner sa vie pour sa famille.

En tant que figure d'autorité, qu'il soit lié à la justice, à la fiscalité, au corps médical ou à l'administration, il s'impatiente vite devant l'inefficacité. Face à un personnage important mais corrompu, il sera un immense soutien.

En tant que caractéristique, le roi d'épée symbolise la victoire contre l'intimidation et l'injustice par des moyens juridiques ou officiels et promet le succès en matière d'examens ou d'évaluations. Vérifiez plusieurs fois les faits et les chiffres et vous obtiendrez les résultats désirés.

Ses défauts : il n'écoute pas les autres, peut se montrer sarcastique et parfois même cruel ou abusif.

LE TIRAGE DES PERSONNALITÉS DES FIGURES

Interpréter les figures par ce tirage vous fera mieux comprendre certaines personnalités et vous aidera à résoudre des problèmes personnels. Suivez les étapes qui viennent pour effectuer un tirage avec les figures.

Mélangez les seize lames et placez-les en cercle, face cachée dans le sens des aiguilles d'une montre.

Placez les mains au-dessus des cartes une à une et sélectionnez les quatre qui semblent justes. Faites-en une pile face cachée et mélangez. Prenez la première carte et placez-la près de vous, face cachée.

Lisez-la, puis placez la deuxième juste au-dessus de la première. Lisez-la, prenez la troisième et continuez jusqu'à ce que vous ayez aligné les quatre cartes verticalement.

CARTE 1 : Qui vous êtes maintenant.

CARTE 2 : Qui vous aidera.

CARTE 3 : Qui s'opposera à vous.

CARTE 4 : Qui vous allez devenir.

Une lecture issue de mes consultations

Voici comment ce tirage des figures a trouvé une solution à un dilemme interpersonnel.

L'HISTOIRE D'ADAM

Adam, qui veut progresser dans sa carrière, a découvert que l'une de ses supérieures avait des sentiments pour lui. Elle lui confie des secrets de l'entreprise qui pourraient le faire avancer rapidement, au prix d'une relation sexuelle. Adam est sous pression : son père est malade et Adam aide financièrement sa famille. La supérieure le lui a dit clairement : si Adam ne lui obéit pas, elle le dénoncera. Voici le tirage.

CARTE 1 – QUI VOUS ÊTES MAINTENANT : valet de coupe. Pas même un prince, mais un jeune valet qui s'est compromis malgré ses bonnes intentions, et qui se sent désormais piégé.

CARTE 2 – QUI VOUS AIDERA : roi de denier. Le directeur de l'entreprise, qui a apprécié un projet qu'Adam a réalisé sur son temps libre. Il a demandé à Adam s'il voulait aller réaliser une formation de six mois avec son salaire actuel, tous frais payés. Cela lui ouvrirait les portes d'un poste mieux payé dans une autre branche de l'entreprise, loin de sa supérieure.

CARTE 3 – QUI S'OPPOSERA À VOUS : reine d'épée. La supérieure est rancunière. Elle ne veut pas l'amour, mais le contrôle. Adam a appris qu'elle a déjà menacé d'autres employés ; dans un rare geste de courage, Adam déclare qu'il pourrait retrouver ces employés qui ont tous quitté l'entreprise pour des raisons obscures.

CARTE 4 – QUI VOUS ALLEZ DEVENIR : roi de bâton. Pas immédiatement, bien sûr. Cette lame montre qu'avec de la persévérance, Adam a le potentiel de réussir dans la voie qu'on lui ouvre.

Pour clarifier une position, vous pouvez tirer des cartes supplémentaires pour répondre aux questions de type « et si… ? ». Adam a tiré une carte pour savoir ce qu'il se passerait s'il faisait ce que lui demande la reine d'épée. La réponse fut claire : un valet d'épée, sans pouvoir, déçu et sans amour.

Adam a accepté la formation. Sa supérieure l'a menacé ; il lui a répondu qu'il détenait des preuves de harcèlement sexuel de sa part sur d'autres hommes et qu'il allait déposer une plainte. À son étonnement, elle a reculé et lui a dit qu'elle ne voulait plus jamais le voir.

7

DES TIRAGES POUR TOUTES LES OCCASIONS

Pour lire le tarot, de nombreux tirages s'offrent à vous. Ceux que j'ai sélectionnés ici fonctionnent bien pour moi et pour bon nombre d'autres praticiens ; mais ce qui compte est qu'ils marchent pour vous. Adaptez les noms des positions qui vous semblent inutiles et n'hésitez pas à ajouter des cartes ou à retirer celles qui ne résonnent pas en vous.

TIRAGE EN FER À CHEVAL

Ce tirage à cinq cartes peut être réalisé uniquement avec les arcanes majeurs ou bien avec tout le jeu. Il est utile pour un problème ou une situation dans laquelle vous voulez voir l'impact à long terme des actions suggérées.

Placez cinq cartes selon une forme de fer à cheval, face cachée, après avoir mélangé le jeu, en commençant par la carte 1.

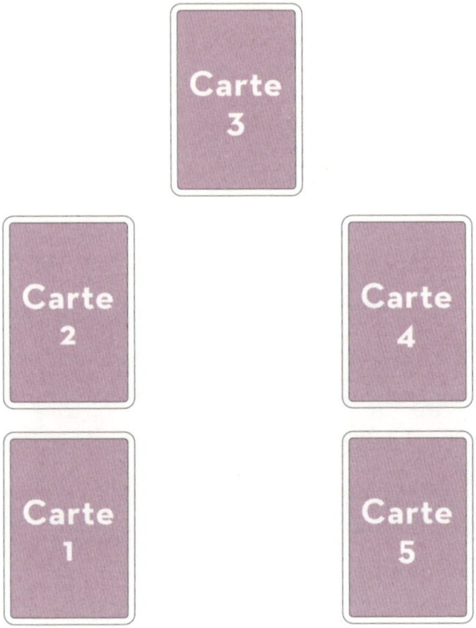

Les cartes

CARTE 1 – LE PROBLÈME : votre position présente et le dilemme au cœur de votre vie.

CARTE 2 – INFLUENCES ACTUELLES : les circonstances et les personnes qui marquent votre position présente, et qui seraient affectées par les changements que vous réalisez.

CARTE 3 – INFLUENCES INATTENDUES : ce peuvent être des facteurs cachés, des succès du passé, des peurs archaïques ou bien les messages qui nous ont été transmis par nos parents, nos anciens amoureux, etc. Ce sont les influences qui pourront entrer en jeu selon que nous déciderons de changer ou de maintenir le statu quo.

CARTE 4 – ACTION SUGGÉRÉE : une action, un geste ou une tactique qui permettra de faire avancer la situation.

CARTE 5 – RÉSULTAT POSSIBLE : les conséquences potentielles de vos actions.

Il existe la possibilité d'ajouter une sixième lame au-dessus du tirage ou entre les cartes 1 et 5 pour révéler ce qui se passerait si vous ne faisiez rien.

Formulez une question spécifique ou, si la situation reste obscure, videz votre esprit et laissez la première carte vous souffler la question.

Mélangez le jeu et placez les cinq cartes face cachée.

Interprétez les lames l'une après l'autre, en partant du bas à gauche.

LE TIRAGE DU CALENDRIER : LES DOUZE MOIS DE L'ANNÉE

Même si ce tirage emploie un grand nombre de cartes, la méthode et l'interprétation demeurent remarquablement simples. Vous pouvez le réaliser n'importe quand, mais il est particulièrement intéressant de le faire à l'occasion d'un anniversaire ou en début d'année. Les temps forts représentent de bons moments : fiançailles, mariage, naissance d'un enfant. Si vous venez de divorcer, par exemple, utilisez-le pour vous donner de l'espoir pour l'année qui arrive.

Si vous traversez une période critique, vous pouvez également réaliser un tirage pour la semaine, avec sept cartes, ou bien un tirage mensuel à vingt-huit, vingt-neuf, trente ou trente et une cartes.

Pour les prédictions annuelles et mensuelles, il peut être utile d'employer deux jeux. Ainsi, si une lame apparaît deux fois, vous saurez qu'elle possède une importance toute particulière dans votre vie.

Commencez par choisir une période à étudier pour déterminer le nombre de cartes nécessaires. Dans un ou deux jeux mélangés et face cachée, tirez les lames et placez-les en cercle dans le sens des aiguilles d'une montre.

Retournez chaque carte dans ce sens et interprétez-la avant de passer à la suivante. Si la lecture est pour vous, prenez bien la lame en main et laissez les images, les idées, les mots et les impressions venir à vous naturellement. Écrivez vos ressentis ou enregistrez-vous, et chaque carte vous guidera dans les occasions et les défis qui vous attendent.

Si vous lisez pour quelqu'un, demandez au consultant de prendre en main la lame avant de la saisir vous-même. Interprétez-la ensuite tout haut. Une fois encore, puisqu'il s'agit d'un tirage important, vous pouvez enregistrer l'entretien afin que la personne puisse l'écouter à nouveau chez elle.

En général, les arcanes majeurs représentent de grands événements dans lesquels les circonstances extérieures jouent un rôle essentiel. Les arcanes mineurs parlent de moments plus ordinaires, mais significatifs dans la période que vous interrogez. Les figures indiquent des personnalités dominantes – ou bien l'arrivée d'un nouvel amour ou d'un bébé, si c'est ce que vous souhaitez.

Lorsque vous avez terminé votre interprétation, tirez une dernière lame pour résumer la semaine, le mois ou l'année qui vous attend et placez-la au centre du cercle.

Lorsque vous commencez la lecture, la carte 1 représente le moment actuel.

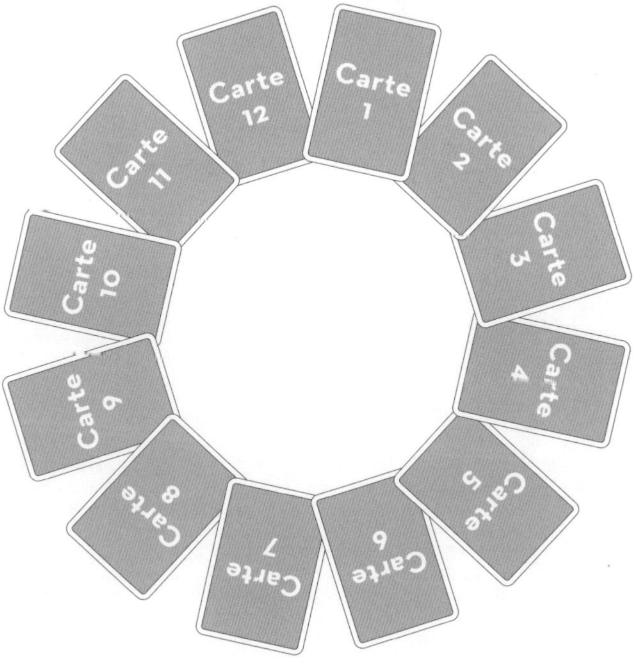

LE TIRAGE GITAN

Parfois utilisé avec des cartes à jouer, ce tirage en neuf lames est un ancien tirage romani qui emploie tout votre tarot. Il est particulièrement intéressant pour les questions d'amour, de relations, de grandes décisions ou de carrière. Il peut aussi facilement s'adapter aux problématiques de justice ou de finances. Même s'il est plus complexe que les précédents, il reste clair et représente une bonne transition vers les tirages savants du dernier chapitre. Il vous permettra d'explorer en profondeur vos acquis.

La méthode

Mélangez les cartes, choisissez-en trois dans le jeu face cachée et placez-les de gauche à droite sur la première rangée.

Retournez-les dans le même ordre. Avant la lecture, distribuez une seconde rangée au-dessus de la première, puis une troisième encore au-dessus. Elles sont composées de trois cartes de gauche à droite. Retournez la seconde rangée avant de placer la troisième. Respectez toujours le bon ordre : du bas à gauche au haut à droite.

RANGÉE 1 : VOTRE RELATION OU VOTRE CARRIÈRE

Ces trois premières cartes concernent votre relation, votre carrière ou votre domicile actuel ou futur dans son état d'aujourd'hui, ainsi que les questions ou les doutes qui peuvent vous traverser.

CARTE 1 : les événements passés en train de sortir de votre vie.

CARTE 2 : les questionnements ou doutes du présent.

CARTE 3 : ce que vous souhaitez le plus dans votre relation/carrière/déménagement.

RANGÉE 2 : LES INFLUENCES EXTÉRIEURES

Ces lames montrent l'influence des autres sur une relation actuelle ou potentielle : opposition, pression pour le mariage. Elles peuvent montrer des proches, des anciens partenaires et familles recomposées, des personnes qui peuvent faire avancer ou bloquer votre carrière ou des personnes impliquées dans le choix d'un lieu de vie.

CARTE 4 : aspects et personnes positifs.

CARTE 5 : opposition cachée.

CARTE 6 : ce que vous devez surmonter.

RANGÉE 3 : LES ACTIONS ET RÉSULTATS

Ces trois dernières cartes présentent un chemin pour l'avenir et donneront une solution. Mais si vous doutez, ajoutez une dixième et une onzième carte au-dessus de la troisième rangée pour montrer les pertes et les gains.

CARTE 7 : action suggérée.

CARTE 8 : résultat à court terme.

CARTE 9 : résultat à long terme.

8

TROUVER VOTRE STYLE

Le tarot est la source de nombreuses incompréhensions. Nous avons vu plus haut qu'acheter son propre jeu ne porte pas malchance, contrairement à la croyance populaire. S'il est très agréable de recevoir un tarot comme cadeau, il est tout aussi sympathique d'aller dans une librairie, une boutique spécialisée ou sur Internet pour trouver le jeu qui vous convient. Si vous doutez, optez pour l'un des tarots d'A. E. Waite : Rider Waite, Universal Waite, ou Golden Waite, qui ont inspiré de multiples déclinaisons. Plus tard, vous pourrez explorer des tarots qui font appel à des thématiques celtes, médiévales ou modernes. Il existe sur Internet un grand nombre de tarots présentés avec leurs illustrations.

Prenez autant de temps que nécessaire pour apprendre les lames ou tester les tirages que j'ai sélectionnés dans ce livre. Si un tirage vous semble difficile ou s'il n'est pas pour vous, mettez-le de côté et revenez-y plus tard. Acceptez que certaines méthodes fonctionnent mieux que d'autres pour vous.

CARTES RENVERSÉES

Un autre mythe du tarot est que les cartes tirées à l'envers représentent un aspect négatif de la lame ou bien une signification affaiblie. Chaque lame comporte des points positifs et d'autres qui le sont moins. Une carte est renversée car elle a été remise ainsi dans le jeu au cours de la session précédente. C'est la relation avec les autres lames du tirage qui détermine si une carte doit être prise dans son sens négatif ou positif.

UN PEU DE PROFONDEUR POUR LES INTERPRÉTATIONS

Il n'est pas plus difficile d'utiliser deux jeux plutôt qu'un. Si vous préférez, ne les mélangez pas et prenez alternativement dans l'un et dans l'autre. L'avantage d'employer deux jeux, c'est que si une lame apparaît deux fois, vous saurez qu'elle est particulièrement significative. Vous pourrez également utiliser deux jeux très différents, ainsi l'autre illustration vous donnera plus de perspective. Par exemple, dans le tarot druidique, la roue de la Fortune est montrée sous la forme d'une femme qui trace sa propre roue dans le sable… une image très éloignée de l'interprétation conventionnelle.

SUBSTITUTIONS

Si une carte tirée paraît inutile au consultant, ou si elle se rapporte à une question ancienne qu'il vaudrait mieux oublier, demandez-lui de choisir une autre lame de la pile.

Placez-la sur celle que vous souhaitez remplacer. Ce peut être une carte de transition, donc si elle ne vous semble pas raconter toute l'histoire, substituez-lui une autre lame jusqu'à ce que le consultant et vous ayez l'impression de tenir la bonne réponse ; placez chaque nouvelle carte au-dessus de celle que vous remplacez. Cela peut notamment se produire en position « Action » ou « Résultat ».

LIRE LE TAROT POUR VOUS-MÊME

Vous pouvez tout à fait lire le tarot pour vous-même, même si certains prétendent que cela porte malheur. Les lames vous guideront dans vos interprétations, et les tarots pourraient vous révéler ce que d'autres vous cachent. Pourquoi ne pas enregistrer la session et parler librement de ce que vous voyez, entendez ou ressentez pour chaque lame ?

Cela évite à votre esprit logique de venir analyser la signification du tirage. Rejouez ensuite cet enregistrement, les cartes encore devant vous.

LIRE LE TAROT POUR LES AUTRES

Lorsque vous lisez pour les autres, demandez au consultant ce qu'il veut savoir. Une superstition veut que le cartomancien prédise l'intention du consultant. Les cartes indiquent des domaines à étudier ; deviner prend trop de temps. Imaginez dire à votre médecin : « Bonjour docteur, devinez ce qui ne va pas chez moi ! ».

Bien sûr, un docteur réaliserait un diagnostic par élimination, mais un tirage de tarot permet plutôt de chercher des facteurs et des solutions.

Commencez par un domaine qui vous intéresse pour entrer en contact avec le consultant (vie amoureuse ou carrière par exemple). Faites-lui mélanger les cartes et vous les donner face cachée.

À mesure que vous les révélez, demandez au consultant comment il se sent à propos de cette lame et ce qu'il voit. Puis expliquez votre ressenti, tout en veillant à maintenir le dialogue : cela poursuit l'échange d'énergies et encourage la personne pour qui vous lisez à prendre ses propres décisions.

Voilà bien tout l'intérêt du tirage : voir ses ressentis enfin confirmés par les cartes.

SI UNE INTERPRÉTATION NE FONCTIONNE PAS

Si vous employez un tirage à trois, six ou neuf cartes sans positions, ajoutez plus de cartes une à une jusqu'à ce que tout prenne sens (généralement, trois cartes suffisent à clarifier la question la plus complexe).

Pour un tirage aux positions fixes, mélangez les cartes sélectionnées, puis placez-les de bas en haut et de gauche à droite, par rangée de trois.

Puis prenez dans le jeu le nombre de lames nécessaires pour terminer la rangée du dessus.

Retournez-les dans l'ordre et lisez-les comme si vous racontiez une histoire. Cela ne rate jamais.

CARTE DU JOUR

Plus tôt, je vous ai parlé de la carte du jour, à tirer et à noter chaque jour dans votre journal. Les répétitions indiquent un problème ou une personne de votre vie qui exigent une action.

Si une lame apparaît toujours le même jour, essayez de comprendre ce qui se passe ce jour-là. Si besoin, ajoutez-lui deux cartes et réalisez une lecture à trois cartes.

LES TIRAGES AVEC LES CARTES DU JOUR

Si vous connaissez une semaine particulièrement importante et si vous souhaitez comprendre les énergies qui dictent vos relations amoureuses, amicales ou professionnelles – et en particulier si vous devez prendre une décision –, reprenez les sept dernières cartes de vos tirages journaliers.

Si la même carte revient durant la semaine, lisez-la le premier jour de son apparition, puis laissez un espace vide pour le deuxième jour. Réalisez deux lignes de trois cartes de gauche à droite, et placez la septième en haut. Celle du premier jour se trouvera en bas à gauche, celle du dernier jour, tout en haut. Retournez chaque carte l'une après l'autre, lisez-la. Si une carte se répète, vous saurez qu'elle revêt une signification particulière.

9

DES TIRAGES PLUS COMPLEXES POUR FAIRE ÉCLORE VOS TALENTS

Certains spécialistes du tarot pensent que plus un tirage est complexe, meilleure sera l'interprétation. C'est faux. Cependant, il peut se révéler utile d'utiliser beaucoup de cartes ou beaucoup de positions pour obtenir plus d'informations dans le cadre d'un bilan de vie, ou face à un grand changement, ou encore dans une situation de vie ou de mort. Les deux tirages qui suivent peuvent se décomposer en deux parties ; apprenez-les pas à pas.

N'utilisez de tirages complexes pour vous-mêmes qu'une fois par mois tout au plus. Si vous interprétez les cartes pour la même personne régulièrement, ne réalisez ces tirages qu'une fois par mois, ou à des moments de changement importants. Il est utile de refaire le tirage une fois tous les trois mois pour voir comment les choses évoluent en comparant les lames qui apparaissent.

Passez au moins une heure sur ces tirages complexes et enregistrez-les. Ils vous livreront beaucoup d'informations et vous aurez bien besoin d'un jour ou deux pour y réfléchir.

UN TIRAGE À TRENTE-TROIS CARTES POUR LE PASSÉ, LE PRÉSENT ET L'AVENIR

La clé de ce tirage réside dans le lien entre le passé, le présent et l'avenir.

Ce n'est pas un tirage à utiliser avec des inconnus : des problèmes non résolus dans le passé ou des incertitudes présentes peuvent réveiller beaucoup d'émotions.

Étape 1 : les vingt-quatre premières cartes

Utilisez l'ensemble du jeu. Ce tirage fonctionne particulièrement bien avec deux jeux.

Mélangez les cartes face cachée comme toujours, mais cette fois disposez trois rangées de huit lames de gauche à droite et de bas en haut.

RANGÉE 1 : LE PASSÉ

CARTES 1 À 8

La rangée la plus proche de vous représente ce qui est passé ou en train de disparaître de votre vie. Les cartes les plus proches du début de la rangée à gauche font référence à l'enfance. Elles se rapprochent chronologiquement à mesure que l'on avance dans la rangée. La carte 8 représente l'âge que vous avez maintenant. Chaque carte ne correspond pas à un nombre d'années précis, mais les années ou événements-clés (par exemple, un mariage) seront présents sous la forme d'une lame (ou de deux si la question est compliquée).

Dans un tirage pour vous, ces dates seront évidentes ; mais avec quelqu'un d'autre par exemple, vous verrez peut-être un huit de coupe à un moment où la personne a quitté son domicile. Si vous pensez qu'une carte possède une signification spéciale, n'hésitez pas à poser la question.

Cette première ligne peut comporter plusieurs questions non résolues, mais aussi des moments et des personnes qui contribuent au succès et au bonheur présent.

RANGÉE 2 : LE PRÉSENT

CARTES 9 À 16

La rangée du milieu représente des influences présentes. Elle doit elle aussi être lue de gauche à droite. Dans le présent, on retrouvera les relations et les questions actuelles, les influences professionnelles et personnelles, les objectifs et les réussites récentes. Cette ligne inclut des éléments conscients, car les influences inconscientes venant des parents, des professeurs et des amours perdus apparaissent généralement dans la première rangée

RANGÉE 3 : UN AVENIR QUI RESTE À CRÉER

CARTES 17 À 24

La rangée supérieure ne représente pas un avenir bien tracé, mais elle ouvre des chemins à suivre, des occasions et des défis à portée de main. Elle indique ce que donnera le choix d'agir ou non. Le futur proche se trouvera à gauche de la rangée et le futur distant à droite (jusqu'à cinq ans dans l'avenir).

LIRE LE PASSÉ, LE PRÉSENT ET L'AVENIR

Une option consiste à travailler avec les vingt-quatre cartes, en les lisant comme je l'ai suggéré. Lisez chaque carte, une à la fois. S'il s'agit d'une lecture pour vous, parlez sans cesse pour éviter à votre esprit analytique de vous déranger. Si vous lisez pour quelqu'un d'autre, maintenez le dialogue et faites parler le consultant des étapes qui viennent et de ses rêves.

Après avoir lu la carte 24, ajoutez une vingt-cinquième carte, face cachée, tirée du jeu et placée au-dessus de la lame du milieu de la rangée trois. Elle suggère un facteur inattendu qui vous donnera bonheur et succès.

Étape 2 : les huit cartes « stratégie », cartes 25 à 32

Avec ce tirage, vous pourrez ajouter huit cartes « stratégie » aux 24 déjà tirées (dans ce cas, n'utilisez pas la vingt-cinquième lame dont je vous ai parlé ci-dessus).

Ces lames peuvent se révéler utiles pour identifier des stratégies, aborder l'avenir de manière positive et éviter les écueils découverts dans les rangées du passé et du présent. Utilisez ces cartes supplémentaires si la rangée de l'avenir semble floue, ou si vous souhaitez en savoir plus sur les stratégies à mettre en place immédiatement, notamment lorsque d'autres personnes sont impliquées dans des décisions futures.

Lisez tout d'abord les vingt-quatre premières lames.

Mélangez à nouveau ce qui reste du ou des jeux et tirez huit cartes supplémentaires face cachée de gauche à droite.

Placez-les sur la rangée médiane, afin qu'elles recouvrent les cartes du présent (9 à 17).

L'une après l'autre, retournez les cartes et elles vous diront quelle stratégie adopter pour la problématique de la lame couverte.

Lisez à nouveau la rangée de l'avenir (17 à 24) et les cartes prendront sens.

L'ARBRE DE VIE

Si je ne devais recommander qu'un seul tirage complet, ce serait celui de l'Arbre de vie, fondé sur la Kabbale. Ce tirage facile à suivre n'utilise que douze cartes. Il est excellent pour les questions spirituelles et lorsque différentes problématiques liées entre elles affectent l'avenir du consultant.

C'est un tirage particulièrement intéressant pour les problèmes qui s'annoncent importants dans l'année qui vient. Chaque sphère liste des couleurs et des liens avec les planètes, mais cet élément n'est pas essentiel à l'interprétation. J'accompagne chaque sphère de mots-clés pour vous guider.

Utiliser le tirage de l'Arbre de vie

Dessinez ou photocopiez les schémas de l'Arbre de vie avant le tirage afin d'y poser les cartes choisies. Sinon, posez simplement les cartes dans les positions des sphères, du bas vers le haut. Certains tarologues colorient et plastifient un schéma d'Arbre de vie spécifiquement pour ce tirage.

Avant de commencer, prenez un jeu mélangé, face cachée et tirez douze cartes (pas forcément sur le dessus). La sphère la plus haute est numérotée « 1 ». Commencez par poser les cartes. Lisez-les de la sphère 10 à la sphère 1.

Significations dans l'arbre de vie

SPHÈRE 10 : TERRE. – Thèmes : questions pratiques, maison, famille, vie quotidienne, situation actuelle.

Mots-clés : Je possède.

SPHÈRE 9 : LUNE. – Thèmes : besoins, souhaits, désirs, rêves, sentiments, ce qui est sous la surface.

Mots-clés : Je désire.

SPHÈRE 8 : MERCURE. – Thèmes : communication, créativité, logique, voyage, apprentissage, risques, vérité, illusion.

Mots-clés : Je crée.

SPHÈRE 7 : VÉNUS. – Thèmes : amour, relations, réconciliation, progression dans tous les domaines de la vie, harmonie.

Mots-clés : Je partage.

SPHÈRE 6 : SOLEIL. – Thèmes : succès, individualité, confiance en soi, questions professionnelles, détermination.

MOTS-CLÉS : Je suis.

ARBRE DE VIE

Commencez par le bas puis remontez jusqu'à la cime.

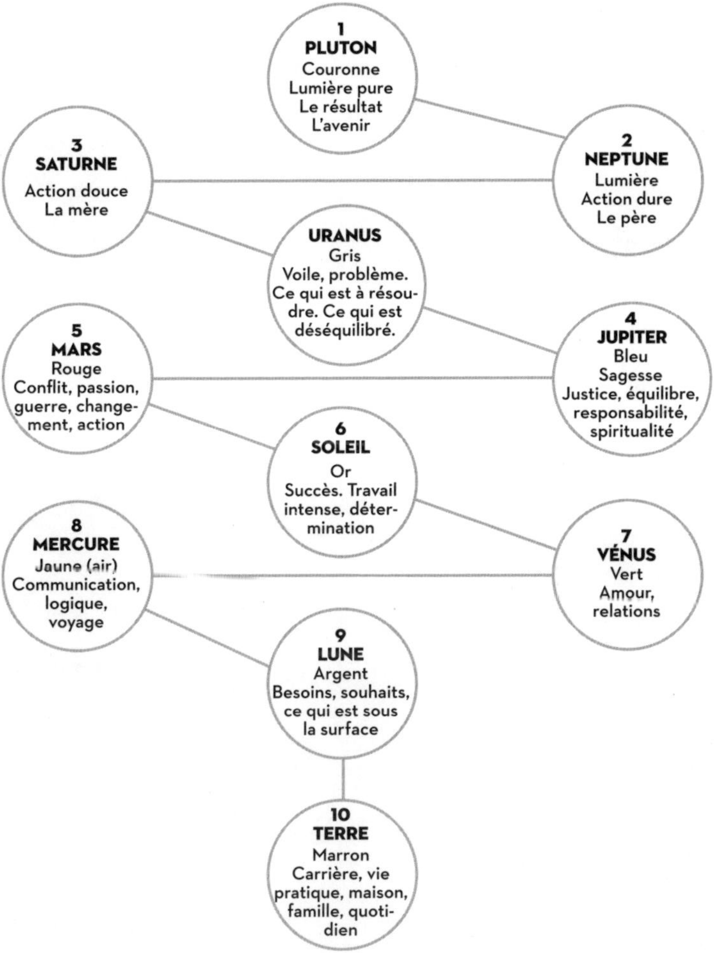

SPHÈRE 5 : MARS. – Thèmes : courage, action, conflit, passion, victoire, changement.
Mots-clés : Je lutte.
SPHÈRE 4 : JUPITER. – Thèmes : justice, équilibre, prise de responsabilité, avancement de carrière, partenariats permanents, vie privée et vie professionnelle, examens, entretiens.
Mots-clés : Je réussis.
SPHÈRE INCONNUE : URANUS. – Thèmes : problèmes à surmonter, blocages, obstacles, éléments lointains que vous devez aller chercher.
Mots-clés : Je demande de l'aide en confiance.
SPHÈRE 3 : SATURNE. – Thèmes : la Mère, influence féminine, action douce et aimante, acceptation, nourrir.
Mots-clés : Je nourris.
SPHÈRE 2 : NEPTUNE. – Thèmes : le Père, influence masculine, action logique décisive, lutte, viser haut, réussir.
Mots-clés : Je vise haut.
SPHÈRE 1 : PLUTON. – Thèmes : unité, intégration, meilleurs résultats possibles, avenir pour lequel travailler, laisser derrière soi ce qui est redondant ou destructeur.
Mots-clés : Je réussis.

Une lecture issue de mes consultations

L'HISTOIRE DE LINDSEY

Lindsey a perdu tout ce qu'elle possédait, trahie par l'homme qu'elle aimait. Il a disparu après avoir pris tous ses biens et vendu sa maison.

Elle n'a plus nulle part où aller, et, à soixante ans, sent qu'elle ne peut pas tout reconstruire. Elle ne veut pas se venger même si elle le retrouvait, car elle sait qu'il aura déjà tout dépensé.

SPHÈRE 10 : TERRE. – Questions pratiques, maison, famille, vie quotidienne, situation actuelle. As de denier : gérer les aspects pratiques, trouver un endroit où vivre. Lindsey a une vieille amie qui vit dans le sud de l'Angleterre, près de la côte. Elle va travailler à l'étranger pendant un an et ne veut pas louer sa maison. Elle a déjà demandé à Lindsey de garder la maison et de s'occuper des animaux. Cela lui donnerait un temps pour respirer.

SPHÈRE 9 : LUNE. – Besoins, souhaits, désirs, rêves, sentiments, ce qui est sous la surface. La Lune : la Lune apparaît dans sa propre sphère ; voilà un élément très significatif. Lindsey a développé de grands talents de clairvoyance et de guérison. Elle gérait une école en ligne. Mais son partenaire l'avait persuadée d'abandonner ce projet pour voyager avec lui (un voyage payé par elle). De nombreux anciens étudiants l'ont pris contactée avec elle pour savoir quand elle allait reprendre ses cours. Peut-elle rouvrir l'école ?

SPHÈRE 8 : MERCURE. – Communication, créativité, logique, voyage, apprentissage, risques, vérité, illusion. Trois de bâton : Lindsey est une auteure douée mais elle a abandonné cette activité. Elle sait que l'un de ses anciens éditeurs a monté sa propre maison et recherche des auteurs expérimentés. Même si ce travail ne se montrait pas initialement rémunérateur, il remettrait Lindsey dans une dynamique d'écriture.

SPHÈRE 7 : VÉNUS – Amour, relations, réconciliation, progression dans tous les domaines de la vie, harmonie. Cinq d'épées : Lindsey sait que, si son ancien amoureux refait surface, c'est qu'il a dépensé tout l'argent volé et pense la persuader de lui redonner une place dans sa vie. Les nouvelles qu'elle a reçues depuis son départ sont alarmantes, et viennent confirmer des éléments auxquels elle était restée sourde pendant leur relation. Pour l'instant, elle doit rester logique sur les détails de sa vie et accepter qu'elle ait été victime d'une escroquerie.

SPHÈRE 6 : LE SOLEIL. – Succès, individualité, confiance en soi, questions professionnelles, détermination. Princesse de denier : une lame qui parle de recommencer et d'apprendre. Lindsey a toujours voulu apprendre l'hypnothérapie pour en savoir plus sur les thérapies traditionnelles. Elle sait qu'elle pourrait bénéficier d'une bourse si elle suivait une formation universitaire en psychologie, et qu'il existe une université qui lui conviendrait près de la maison de son amie (Lindsey dit qu'elle pourrait s'inquiéter des questions de logement une fois de nouveau sur pied).

SPHÈRE 5 : MARS. – Courage, action, conflit, passion, victoire, changement. La Tour : Lindsey sait qu'à cause des dettes laissées par son ancien partenaire sur ses cartes de crédit, la meilleure solution est de se mettre en faillite personnelle ; elle n'a aucun espoir de payer et les appels des créanciers la rendent malade. Même si c'est très difficile, c'est la seule manière pour elle de se libérer du passé.

SPHÈRE 4 : JUPITER. – Justice, équilibre, prise de responsabilité, avancement de carrière, partenariats permanents, vie privée et vie professionnelle, examens, entretiens. Le Jugement : Oui, elle a été inconséquente.

Mais lorsque l'on pense avoir trouvé son âme sœur, le bon sens peut manquer. Son amant avait promis que, lorsque ses actifs à l'étranger seraient débloqués, ils seraient riches et il pourrait lui rendre ce qu'elle lui avait prêté et plus encore. Lindsey doit maintenant faire sien l'aspect de renaissance de cette carte et accepter que, si ses créanciers retrouvaient son ex-mari, il devrait répondre de ses actions.

SPHÈRE INCONNUE : URANUS. – Problèmes à surmonter, blocages, obstacles, éléments lointains que vous devez aller chercher. Deux d'épée : ce sont les peurs de Lindsey, son impression d'échec. Elle a travaillé dur toute sa vie, mais elle sait qu'elle doit agir car sa situation empire de jour en jour et ses dettes explosent. La Tour symbolisait le premier pas de cette action.

SPHÈRE 3 : SATURNE. – La Mère, influence féminine, action douce et aimante, acceptation, nourrir. L'Impératrice : à sa surprise, sa sœur, beaucoup plus âgée et à qui elle ne parle plus depuis des années, a appris l'histoire de Lindsey. Elle lui a offert à la fois une aide financière et un toit. Lindsey sait qu'elle ne peut pas vivre avec sa sœur ni accepter son argent, mais ce geste a guéri de vieilles blessures et lui a redonné foi en l'humanité.

SPHÈRE 2 : NEPTUNE. – Le Père, influence masculine, action logique décisive, lutte, viser haut, réussir. Trois de denier : une très bonne carte pour se reconstruire pas à pas et l'assurance que, d'ici au retour de son amie, Lindsey aura assez d'argent pour louer un logement sur la côte sud qu'elle aime tant pendant les deux dernières années de son diplôme.

SPHÈRE 1 : PLUTON. – Unité, intégration, meilleurs résultats possibles, un avenir vers lequel travailler, laisser derrière soi ce qui est redondant ou destructeur. Les Étoiles : la promesse que, d'ici à douze mois, Lindsey verra ses rêves, réduits à l'essentiel, se réaliser.

Douze mois plus tard, Lindsey a relancé son école en ligne et a ouvert un service de consultations en tête-à-tête. Elle publie à nouveau et va commencer sa deuxième année à l'université. Son amie l'a convaincue d'emménager dans l'annexe pour les deux dernières années de son diplôme et de veiller sur la maison lorsqu'elle part.

CONCLUSION

Nous parvenons à la fin de cet ouvrage et au début de votre voyage. Rappelez-vous : même si le chemin est ardu, c'est nous qui menons notre destinée et nous pouvons réaliser nos rêves. Le tarot peut nous guider et nous rappeler que les aventures qui nous attendent au prochain virage seront merveilleuses et enthousiasmantes.

Car nous pouvons les rendre merveilleuses et enthousiasmantes.

INDEX

Composition et mise en pages : les PAOistes

ISBN : 978-2-501-15193-1

4220549/02

Imprimé en Espagne par Unigraf en mars 2022

pour le compte des Éditions Hachette Livre (Marabout),

58, rue Jean Bleuzen, 92178 Vanves CEDEX.

Dépôt légal : mai 2020

PAPIER À BASE DE FIBRES CERTIFIÉES

MARABOUT
s'engage pour l'environnement en réduisant l'empreinte carbone de ses livres.
Celle de cet exemplaire est de :
600 g éq. CO_2
Rendez-vous sur www.marabout-durable.fr